essentials

essentials liefern aktuelles Wissen in konzentrierter Form. Die Essenz dessen, worauf es als „State-of-the-Art" in der gegenwärtigen Fachdiskussion oder in der Praxis ankommt. essentials informieren schnell, unkompliziert und verständlich

- als Einführung in ein aktuelles Thema aus Ihrem Fachgebiet
- als Einstieg in ein für Sie noch unbekanntes Themenfeld
- als Einblick, um zum Thema mitreden zu können

Die Bücher in elektronischer und gedruckter Form bringen das Expertenwissen von Springer-Fachautoren kompakt zur Darstellung. Sie sind besonders für die Nutzung als eBook auf Tablet-PCs, eBook-Readern und Smartphones geeignet. essentials: Wissensbausteine aus den Wirtschafts, Sozial- und Geisteswissenschaften, aus Technik und Naturwissenschaften sowie aus Medizin, Psychologie und Gesundheitsberufen. Von renommierten Autoren aller Springer-Verlagsmarken.

Hubertus Buchstein

Typen moderner Demokratietheorien

Überblick und Sortierungsvorschlag

Springer VS

Hubertus Buchstein
Institut für Politikwissenschaft
Universität Greifswald
Greifswald
Deutschland

ISSN 2197-6708   ISSN 2197-6716 (electronic)
essentials
ISBN 978-3-658-13330-6   ISBN 978-3-658-13331-3 (eBook)
DOI 10.1007/978-3-658-13331-3

Die Deutsche Nationalbibliothek verzeichnet diese Publikation in der Deutschen Nationalbibliografie; detaillierte bibliografische Daten sind im Internet über http://dnb.d-nb.de abrufbar.

Springer VS

Gedruckt auf säurefreiem und chlorfrei gebleichtem Papier

Springer VS ist Teil von Springer Nature
Die eingetragene Gesellschaft ist Springer Fachmedien Wiesbaden

Vorwort

Dieser Beitrag basiert in längeren Passagen auf Ausführungen in meinem Buch ‚Demokratietheorie in der Kontroverse' (Buchstein 2009) sowie in den Überblicksartikeln ‚Demokratie' (2011), ‚Moderne Demokratietheorie' (2013) und ‚Politische Theorie – Ausdifferenzierungen eines politikwissenschaftlichen Teilgebietes' (2015). Für kritische Kommentare und Hinweise zu diesen Beiträgen danke ich Katharina Beier, Gerhard Göhler, Antonia Lenz, Kerstin Pohl, Manfred G. Schmidt, Tobias Müller und Rieke Trimcev.

Greifswald, im April 2016   Hubertus Buchstein

Was Sie in diesem *essential* finden können

- Eine prägnante Sortierung des unübersichtlichen Feldes der modernen Demokratietheorien
- Einen kurzen Überblick über die Entwicklung der Demokratietheorie
- Eine Erläuterung der methodischen Unterschiede zwischen den konkurrierenden demokratietheoretischen Ansätzen
- Eine Einordnung der wichtigsten Themen aus den politikwissenschaftlichen Debatten über die Demokratie

Inhaltsverzeichnis

Einleitung: Politikwissenschaft und Demokratie

1

‚Demokratie' ist ein Schlüsselbegriff in vielen Debatten, die über tagespolitische Themen geführt werden. Gleich, ob es sich um Fragen des richtigen Umgangs mit Bürgerkriegsflüchtlingen, um die angemessene Bezahlung von Politikerinnen und Politikern oder um die Zukunft der Europäischen Union handelt – schnell gelangt man bei solchen Debatten bei Grundfragen der Demokratie an. Die Debatten, die 2015 und 2016 in der bundesdeutschen Öffentlichkeit über die fremdenfeindlichen Protestbewegungen und Parteien geführt wurden, sind nur ein besonders markantes Beispiel dafür, wie emotional und kontrovers die Berufung auf den Demokratiebegriff sein kann; denn die Akteure auf beiden Seiten, sowohl die rechtspopulistischen und rechtsradikalen Hetzer wie auch diejenigen, die sich ihnen aus den unterschiedlichen politischen Lagern entgegenstellen, reklamieren für ihre politischen Ansinnen inbrünstig die Prinzipien und Verfahren der Demokratie.

In der Regel sind die in solchen tagespolitischen Debatten aufgeworfenen Fragen auch von Bedeutung für die theoretische und empirische Forschung zum Thema Demokratie im Fach Politikwissenschaft. Zu solchen grundsätzlichen Fragen gehören beispielsweise: Was ist unter Demokratie genau zu verstehen? Welche politischen Ziele stehen im Einklang mit der Demokratie und welche stehen konträr dazu? Welches Handeln bezeichnen wir als demokratisch, welches als undemokratisch? Auf welchen normativen Grundprinzipien basiert die Idee der Demokratie? Welche Grenzen dürfen oder sollen Demokratien ihren Feinden setzen? Welche institutionellen Kernbestandteile gehören zu einer Demokratie? Wie eng oder weit gefasst soll unser Demokratieverständnis sein? Wie lassen sich Demokratien von anderen Regimeformen unterscheiden? Seit wann gibt es die Demokratie? Auf welche historischen und ideengeschichtlichen Traditionen stützt sich die moderne Demokratie? Bezeichnet sich Land X, Y oder Z zu Recht als Demokratie oder nicht? Wie funktionieren Demokratien und welche Besonderheiten weisen demokratische Regierungsformen im Unterschied zu anderen politischen System

© Springer Fachmedien Wiesbaden 2016
H. Buchstein, *Typen moderner Demokratietheorien*, essentials,
DOI 10.1007/978-3-658-13331-3_1

1

auf? Welche unterschiedlichen Varianten von Demokratien gibt es? Welche Leistungen weisen Demokratien auf und welche Schwächen haben sie? Wie lässt sich die Qualität einer Demokratie bestimmen und messen? Welche gesellschaftlichen Randbedingungen sind der Demokratie förderlich und welche sind es nicht? Welche besonderen Herausforderungen stellen sich Demokratien? Wie verändern sich demokratische Systeme und was sind die Gründe dafür? Welche Zukunft hat die Demokratie oder hat sie ihre beste Zeit schon hinter sich?

Angesichts dieses Sammelsuriums an Fragen ist es nicht überraschend, dass dem Begriff Demokratie in der modernen Politikwissenschaft eine zentrale Orientierungsfunktion zukommt. Die Politikwissenschaft und der Demokratiebegriff sind untrennbar miteinander verwoben. Die gemeinsame Geschichte beginnt mit der Gründung der modernen Politikwissenschaft in den USA im letzten Drittel des 19. Jahrhunderts, setzt sich fort im Aufbau des Faches in England, Frankreich und Skandinavien in den ersten Dekaden des 20. Jahrhunderts, findet in Deutschland seine Fortsetzung in der allmählichen Etablierung von politikwissenschaftlichen Professuren an den Universitäten der Bundesrepublik in den 1950er Jahren und erfuhr während der Expansion der Disziplin im Zuge der Regimetransformationen in den 1990er Jahren in den Staaten des ehemaligen Ostblocks einen weiteren großen Schub.

Fast ausnahmslos erfolgte die Einrichtung der Politikwissenschaft unter dem Signum einer ‚Demokratiewissenschaft‘. Konzeptionell besteht diese Demokratiewissenschaft aus einem Dreiklang: Einer normativ und ideengeschichtlich ansetzenden Demokratie*begründung*, einer empirisch und analytisch vorgehenden Demokratie*forschung* und einer reformpolitisch und pädagogisch inspirierten Demokratie*praxis*. Erst dieser Dreiklang aus normativen, empirischen und praktischen Erkenntnisinteressen hat der Politikwissenschaft die fachliche Bedeutung und personelle Stärke beschert, aufgrund derer sie aus dem heutigen Wissenschaftsbetrieb kaum mehr wegzudenken ist. Mit dieser vordergründigen Orientierung am Demokratiebegriff sind die Gemeinsamkeiten unter den Forscherinnen und Forschern in der Politikwissenschaft allerdings zumeist auch schon erschöpft. Seit ihrer Gründung ist die Disziplin von rivalisierenden Vorstellungen darüber geprägt, wie die eingangs aufgelisteten Fragen am besten zu beantworten sind und welche dieser Fragen von größerer, und welche von geringerer Wichtigkeit sind.

‚Demokratie' als umkämpfter Begriff **2**

Für die ‚Demokratie' gilt, was auch im Hinblick auf die Verwendung anderer zentraler Begriffe der Politikwissenschaft (wie ‚Staat', ‚Krieg', ‚Freiheit', ‚Gleichheit' oder ‚Gerechtigkeit') ablesbar ist: ‚Demokratie' gehört zu den „*contested concepts*", den „umkämpften Begriffen", die in der gesellschaftspolitischen Kommunikation nicht einfach nur als eine sachliche Bezeichnung für bestimmte politische Phänomene fungieren, sondern die in ihrer Verwendungspraxis zugleich bewertende Urteile wie Zustimmung, Hoffnung, Verachtung oder Ablehnung ausdrücken.[1] Keine noch so sehr auf wissenschaftliche Neutralität zielende Begriffswahl wird diese performative Dimension vollständig ausschalten können. Die Politikwissenschaft kann allenfalls versuchen, mit Hilfe ihres analytischen Instrumentariums auf Distanz zu den verschiedenen Verwendungsweisen zu gehen und sie in Hinsicht auf ihre unterschiedlichen Geltungsansprüche kritisch in den Blick zu nehmen.

Der Demokratiebegriff hat eine wortgeschichtliche Tradition, die bekanntlich bis in die politische Ordnungsformenlehre der griechischen Antike zurückreicht. Dort diente das altgriechische Wort *demokratia* zur Klassifizierung einer politischen Ordnung, in der die Bevölkerung (*demos*) die politische Herrschaft macht- und kraftvoll ausübt (*kratein*). Bei Übersetzungen in andere Sprachen wird das griechische Wort *demokratia* in der Regel zunächst in seine beiden Einzelteile zerlegt, für die dann möglichst treffende Übertragungen gesucht werden, bevor man sie entsprechend der Gepflogenheiten der jeweiligen Übersetzungssprache neu zusammenfügt. Leonardo Bruni machte daraus im 15. Jahrhundert das lateinische ‚gubernatio popularis', im Deutschen steht dafür ‚Volksmacht' oder ‚Volksherrschaft', im Englischen sind es ‚popular government' oder ‚rule of the people' und im Französischen ‚souveraineté du peuple'.

---

[1] Zur Bedeutung von ‚Umkämpften Begriffen' in der Politikwissenschaft vgl. Göhler et al. (2011).

© Springer Fachmedien Wiesbaden 2016
H. Buchstein, *Typen moderner Demokratietheorien*, essentials,
DOI 10.1007/978-3-658-13331-3_2

3

Derartige Übersetzungen sind für sich genommen nicht weiter bemerkenswert; bemerkenswert ist allerdings, dass sich solche Übersetzungsleistungen im tatsächlichen politischen Sprachgebrauch weder längere Zeit halten, geschweige denn terminologisch durchsetzen konnten. Letztlich wurde und wird immer wieder auf das griechische Lehnwort *demokratia* zurückgegriffen, wenn von einer politischen Ordnung die Rede sein soll, in der weite Kreise der Bevölkerung an der politischen Machtausübung beteiligt sind. Weder im Lateinischen, wo *demokratia* erstmals als Lehnwort aufgenommen wurde, noch im Deutschen, Englischen oder in irgendeiner anderen Sprache der Welt (inklusive des Russischen, Chinesischen, Arabischen oder Hebräischen) hat sich aus dem jeweils eigenen Sprachstamm dauerhaft ein Wortäquivalent herauswinden können, das den Begriff ‚Demokratie‘ in der Sprachpraxis abgelöst hätte. In allen Kulturen der Welt wird heute bevorzugt das altgriechische Lehnwort verwendet. Die ‚Demokratie‘ hat sich als ein ebenso wanderungsfreudiges wie penetrantes politisches Wort erwiesen.

Angesichts der markanten Unterschiede zwischen der antiken *demokratia* und modernen politischen Systemen, die als ‚Demokratien‘ bezeichnet werden, grenzt es an ein sprachhistorisches Wunder, dass der Begriff in der heutigen politischen Alltagssprache und Wissenschaft noch weiterhin in Gebrauch ist. Wenn es einen Ehrenpreis gäbe, der Überlebenskünstlern in der politischen Begriffsgeschichte verliehen wird, dann würde ‚Demokratie‘ auf der Nominierungsliste ganz weit oben stehen. Die *demokratia* war zwar einige Jahrhunderte lang in Begriffsmuseen deponiert, fand dann aber im letzten Drittel des 18. und zu Beginn des 19. Jahrhunderts wieder neue Anhänger. Zeitgleich mit ihren Befürwortern traten neue Kritiker der Demokratie auf den Plan und die Demokratiedebatten entfalteten nach einer langen Pause neue Virulenz, neue Bedeutungen und neue institutionelle Visionen. Der Demokratiebegriff konnte also vermutlich deshalb überleben, weil er so heftig umstritten war. Andere Bezeichnungen aus der antiken Staatsformenlehre wie ‚Aristokratie‘, ‚Ochlokratie‘ oder ‚Timokratie‘ sind längst der Einsargung im Pantheon der Begriffsgeschichte anheimgefallen, während die ‚Demokratie‘ neue inhaltliche Bedeutungen erlangen und neue politische Konfliktlinien markieren konnte.

Seit Beginn ihrer terminologischen Wiederentdeckung vor gut 250 Jahren steht die Demokratie nahezu ununterbrochen im Zentrum politischer Kontroversen zwischen Befürwortern und Gegnern. Offensichtlich kann die Verwendung des Wortes ‚Demokratie‘ bis zur heutigen Zeit Bedeutungsmomente mobilisieren, die es unterschiedlichen Akteuren sinnvoll erscheinen lässt, in ihren rhetorischen Strategien auf diesen Begriff Bezug zu nehmen: Sowohl die Gegner als auch die Befürworter einer verstärkten europäischen Integration reklamieren ihre demokratischen Absichten; sowohl die Verteidiger einer inklusiven Flüchtlingspolitik wie auch die

Anhänger fremdenfeindlicher Parteien berufen sich auf die Demokratie; sowohl die Anhänger einer Loslösung Kataloniens vom spanischen Staat als auch die spanische Zentralregierung agieren im Namen der Demokratie.

Die Diskussionen über die Demokratie entzünden sich an konkreten Gegensätzlichkeiten und Situationen und reflektieren politische Gegnerschaften, mögen diese zuweilen noch so sehr im Gewand einer akademisch auf Neutralität verpflichteten Politikwissenschaft auftreten. Schon aus diesem Grund ist die Tatsache, dass der Demokratiebegriff zu Beginn des 21. Jahrhunderts weiterhin so lebhaft wie kontrovers diskutiert wird, kein Zeichen seiner Schwäche, sondern seiner ungebrochenen politischen Vitalität.

Nun ist die heutige Verwendung des Begriffs ‚Demokratie' in mehrfacher Hinsicht eine völlig andere als während der griechischen Antike. Schon im Hinblick auf ihre konkreten institutionellen Ordnungselemente hat die zeitgenössische moderne Demokratie mit ihren antiken Namensgebern kaum mehr gemeinsam als eben diesen Namen (vgl. Finley 1980; Hansen 2005). Die athenische Demokratie war durch die Souveränität der versammelten Bürgerschaft charakterisiert. Es wurde eine direkte Demokratie praktiziert, in der nicht nur gemeinsam beraten wurde, sondern in der die versammelte Bürgerschaft auch alle wesentlichen Sachentscheidungen traf. Die Versammlung der Bürger war das höchste und – auch nach der Einrichtung einer Reihe von moderierenden Institutionen – ein in letzter Instanz von keiner anderen politischen Institution eingeschränktes Gremium. Demokratische Politik fand ihren Ausdruck neben der Wahl von Spitzenpositionen zudem im Losverfahren und im Rotationsprinzip bei der Besetzung politischer Ämter. Politische Systeme, die heute den Namen ‚Demokratie' tragen, zeichnen sich demgegenüber durch die Existenz von Repräsentativversammlungen, Wahlen für alle politischen Ämter, Gewaltenteilung und durch verfassungsmäßige Grenzen der politischen Entscheidungsfreiheit aus. Auch bezieht sich die Demokratie heute auf größere Räume mit einer größeren Zahl an Einwohnern; selbst solch kleine demokratische Staaten wie Luxemburg oder San Marino sind heute größer, als es die *polis* des antiken Athens in seiner Blütezeit oder irgendeine andere *polis* der Antike jemals waren.

Noch in einer anderen Hinsicht hat sich der Phänomenbereich dessen, was oder wer als ‚Demokratie', ‚Demokrat' und ‚demokratisch' bezeichnet wird, seit der Antike verändert – heute dient das Wort nicht nur zur Bezeichnung einer spezifischen Ordnung einer *polis*, sondern sehr viel weitergehender zur Bezeichnung von Staaten, gesellschaftlichen Institutionen, internationalen Organisationen, Verfahrensweisen, Handlungen, Wertvorstellungen bis hin zu menschlichen Charaktermerkmalen. Eng verbunden mit dieser Ausweitung der begrifflichen Bezugsgrößen lässt sich zudem beobachten, wie sich beim substantivischen Sprachgebrauch des Begriffs eine „democracy with adjectives" (vgl. Collier und Levitsky 1997) durchgesetzt hat. ‚Demokratie' steht heute eher selten als Wort für sich, sondern wird zumeist unter Hinzuziehung eines Adjektivs näher qualifiziert. Häufige Attribute sind ‚westlich', ‚repräsentativ', ‚plebiszitär', ‚liberal', ‚illiberal', ‚modern', ‚pluralistisch', ‚sozialistisch', ‚deliberativ', ‚autoritär', ‚gelenkt', ‚simulativ' oder ‚defekt'. Angesichts der Vielfalt der sich dadurch semantisch bietenden Möglichkeiten gibt es heute eine Vielzahl unterschiedlicher und miteinander konkurrierender ‚Demokratietheorien', die jeweils für sich reklamieren, über ein zutreffendes Demokratieverständnis zu verfügen.

Angesichts dieser flagranten Unterschiede zwischen der antiken und der modernen Demokratie haben einige Politikwissenschaftler den Vorstoß versucht, sich für die Bezeichnung heutiger politischer Systeme auf ein anderes Wort wie ‚Polyarchie' (vgl. Dahl 1971) oder ‚Politie' (vgl. Sternberger 1985, S. 156–230) zu verständigen, oder die ‚Demokratie' doch wenigstens durch neue Wortreihen wie ‚demokratischer Verfassungsstaat' oder ‚westliche Demokratie' (vgl. Fraenkel 1960, S. 75) gleichsam einzuhegen. Eine andere begriffliche Strategie bestand darin, der antiken Demokratie den Namen ‚Demokratie' zu verweigern, weil sie keine unwiderruflichen politischen Grundrechte kannte (vgl. Tarkianinen 1966, S. 25). Weder die Ersetzungsstrategien noch die attributiven Einhegungen haben sich bis heute außerhalb von kleinen fachwissenschaftlichen Kreisen als sonderlich erfolgreich erwiesen. Und selbst der erfolgreichste Vorschlag aus der ersten Dekade des 21. Jahrhunderts, für die heutigen politischen Ordnungen einen neuen Begriff zu verwenden, lautet ‚Post-Demokratie' und kommt somit nicht ohne das griechische Bezugswort aus (vgl. Crouch 2008). Man mag es drehen und wenden, wie man möchte: Offensichtlich lässt sich die ‚Demokratie', sobald sie erst einmal in ein modernes politisches Vokabular alltagssprachlich aufgenommen worden ist, kaum mehr daraus herausoperieren.

Angesichts der globalen Verbreitung des Demokratiebegriffs sollte es deshalb auch nicht überraschen, wenn die Unterschiede und Nuancierungen bei seiner Verwendung zukünftig sogar noch weiter zunehmen werden. Denn von dem Zeitpunkt an, ab dem das Wort Demokratie zur zentralen und anerkannten Selbstbeschreibungsformel eines modernen politischen Systems geworden ist, schlüpfen die politischen Differenzen, die es in einer Gesellschaft gibt, gleichsam in diese Formel hinein und geben sich hauptsächlich als unterschiedliche Begriffsauslegungen und nicht mehr als begriffliche Alternativen zu erkennen.

Die vier grundlegenden Typen moderner Demokratietheorie

3

Im Zuge der Expansion und Ausdifferenzierung der Politikwissenschaft hat sich im Bereich der Demokratietheorie ein auf den ersten Blick hoffnungslos unübersichtlicher Theorienpluralismus entwickelt. Umfangreiche Bücher, die einen einführenden Überblick über die moderne Demokratietheorie geben, haben sich mittlerweile zu einem eigenständigen Genre gemausert. In der bisherigen Einführungsliteratur zu den modernen Demokratietheorien findet man vier hilfreiche Sortierungsverfahren, die den Leserinnen und Lesern dabei helfen sollen, den demokratietheoretischen Pluralismus wenigstens halbwegs zu bewältigen.

- Beim ersten Verfahren werden *entwicklungsgeschichtliche Linien* im Bereich der Demokratietheorie nachgezeichnet; der Zweck dieses Vorgehens besteht darin, grobe Phaseneinteilungen und markante thematische Änderungen im politiktheoretischen Denken zu ermitteln, um auf diese Weise die erreichten Fortschritte der modernen Demokratietheorie demonstrieren zu können.[1]
- Beim zweiten Verfahren wird die demokratietheoretische Vielfalt zu *Modellen* oder *Ansätzen* verdichtet; der Zweck dieses Verfahrens besteht darin, die verschiedenen Demokratietheorien besser miteinander vergleichbar zu machen.[2]
- In einem dritten Verfahren werden Schlüsselbegriffe oder *zentrale Topoi und Themen* der Demokratietheorie identifiziert und im Hinblick auf ihre Bedeutungsvielfalt und Relevanz für die politikwissenschaftliche Forschung befragt.[3]

---

[1] Die besten entwicklungsgeschichtlichen Überblicke geben Saage (2005) und Keane (2009).

[2] Die besten nach Ansätzen sortierten Überblicke geben Held (2006) und Schmidt (2010).

[3] Die besten begriffs- und themenorientierten Überblicke geben Göhler/Iser/Kerner (2011) und Cheneval (2015).

© Springer Fachmedien Wiesbaden 2016
H. Buchstein, *Typen moderner Demokratietheorien*, essentials,
DOI 10.1007/978-3-658-13331-3_3

Angesichts der im Fach Politikwissenschaft und speziell auch im Bereich der Politischen Theorie wachsenden Bedeutung der unterschiedlichen Erkenntnisinteressen und der wissenschaftlichen Methodik als Kriterium für die Unterscheidung zwischen politischer Alltagskommunikation und professioneller Politikwissenschaft bietet es sich als eine vierte Sortierungsmöglichkeit an, den Blick auf die *Erkenntnisabsichten und methodischen Einstellungen* zu richten, mit denen an die grundlegenden Fragen und Probleme der Demokratietheorie herangegangen wird.

In einer solchen Sortierungsperspektivierung lassen sich *vier grundlegende Typen* moderner Demokratietheorie identifizieren: Der Typus der historischen, der empirischen, der formalen, und der normativen modernen Demokratietheorie

Die *historischen* Demokratietheorien suchen im Fundus der politischen Ideengeschichte nach Traditionslinien und Anknüpfungspunkten sowie nach verschütteten Einsichten für aktuelle Debatten und Kontroversen zum Thema Demokratie. Die *empirischen* Demokratietheorien ermitteln, inwieweit sich empirische Befunde aus der Politik zu verallgemeinerbaren theoretischen Aussagen verdichten lassen. Die *formalen* Demokratietheorien arbeiten mit theoretischen Modellen und leiten ihre modelltheoretischen Axiome aus bestimmten Grundannahmen über das Verhalten von Akteuren oder über Systemzusammenhänge ab. Die *normativen* Demokratietheorien beschäftigen sich mit der Konstruktion, Begründung und kritischen Analyse von Sollensaussagen über die grundlegenden Normen und institutionellen Konfigurationen demokratischer Systeme.

Die Unterscheidung zwischen diesen vier unterschiedlichen Typen in der Beschäftigung mit der Demokratietheorie (Tab. 3.1) ist aus zwei Gründen hilfreich. Zum einen erleichtert diese analytische Trennung die Kooperation zwischen den verschiedenen Teilgebieten der Politikwissenschaft, indem sich durch die explizite Bezugnahme auf einen der vier Typen die gegenseitigen Erwartungen bei der Bearbeitung von demokratietheoretischen Fragestellgen genauer formulieren lassen. Zum anderen hat diese Typenunterscheidung einen allgemeinen didaktischen Wert, denn viele politische Debatten in der Tagespolitik und der politischen Bildung würden mit weniger Heftigkeit, mit weniger Missverständnissen und mit mehr Gewinn für alle daran Beteiligten geführt werden, wenn man die unterschiedlichen

Tab. 3.1 Die vier grundlegenden Typen moderner Demokratietheorie

Historische Demokratietheorie	*Formale Demokratietheorie*
Rekonstruktion von Texten aus der politischen Ideengeschichte	Deduktive Theoriebildung
Empirische Demokratietheorie	*Normative Demokratietheorie*
Induktive Theoriebildung	Konstruktion und kritische Analyse von Begründungszusammenhängen

Perspektiven der vier Typen und die mit ihnen jeweils verbundenen argumentativen Möglichkeiten und Grenzen deutlich auseinander hielte, also in solchen Debatten beispielsweise klar zwischen empirischen und normativen oder zwischen historischen und formalen Theorieaussagen unterscheiden würde.

In einer idealen politikwissenschaftlichen Welt sollten sich die vier Typen moderner Demokratietheorie gegenseitig ergänzen und aus der Interaktion miteinander neue Fragestellungen und überzeugende Antworten produzieren. In der real existierenden Welt der modernen ausdifferenzierten Politikwissenschaft, die auf die Spezialisierung innerhalb von Teilbereichen und Themengebieten programmiert ist, sind die vier Typen jedoch mittlerweile so weit auseinandergedriftet, dass es zuweilen schwierig ist, aus den jeweiligen Themenstellungen und Forschungserträgen noch den gemeinsamen Bezugspunkt herauslesen zu können.

Historische Demokratietheorie 4

Im Forschungsfokus der historischen Demokratietheorie steht die ideengeschichtliche Rekonstruktion von Theorien über die Demokratie aus der Vergangenheit.[1] Die historische Demokratietheorie umfasst Untersuchungen zu Autoren und Autorinnen, die als besonders wichtig eingeschätzt werden, thematischen Einzelstudien und geschichtliche Verlaufsanalysen. Diese lassen vor allem erkennen, dass sich die Bedeutungsverschiebung vom antiken zum modernen Demokratiebegriff in einem langen und vielfach verschlungenen Transformationsprozess vollzogen hat. Die grundlegenden semantischen Veränderungen betreffen die Bewertung, die Zeitlichkeit und die Institutionalisierung von Demokratie und lassen sich in drei groben Linien nachzeichnen. Diese Linien können mit den drei Formeln ‚Aufwertung‘, ‚Zukunftsorientierung‘ und ‚Anreicherung‘ überschrieben werden.

4.1 Aufwertung

In sämtlichen elaborierten antiken Theorien – von Platon und Aristoteles in der griechischen bis zu Cicero und Polybios in der römischen Antike – ist die Demokratie ein Negativbegriff. Die Mängelliste der Demokratie enthielt mehrere Punkte: Sie beteilige unqualifizierte Bürger an der Politik, sie kompliziere politische Entscheidungsgänge, sie produziere schlechte Entscheidungen, sie verderbe die politische Kultur oder sie sei schlicht eine amoralische Ordnung – um nur die wichtigsten Kritikpunkte zu nennen. Diese negative Verwendung des Begriffs setzte sich ungebrochen über das Mittelalter bis in die Neuzeit fort, und erst bei Spinoza und Rousseau finden wir Versuche, die Demokratie positiv zu bestimmen.

---

[1] Zu den Methoden der Politischen Ideengeschichte vgl. als Überblick Weber und Beckstein (2014).

© Springer Fachmedien Wiesbaden 2016
H. Buchstein, *Typen moderner Demokratietheorien*, essentials,
DOI 10.1007/978-3-658-13331-3_4

Durchsetzen konnte sich die positive Konnotation von Demokratie aber nur allmählich nach der Französischen Revolution und dann im Zuge der Ausweitung des Wahlrechts in den USA, in Westeuropa, Neuseeland und Australien im 19. Jahrhundert. Begleitet war dieser Prozess von ideologischen Auseinandersetzungen, die erst Mitte des 20. Jahrhunderts ihr Ende fanden. Heute ist die Aufwertung zu einem Positivbegriff zumindest im westlichen Kulturkreis abgeschlossen. Der Begriff hat sich dort zu einem normativen Maßstab in globalen politischen Auseinandersetzungen entwickelt. Die Demokratie findet in modernen Demokratien zwar viele interne Kritiker an ihrer Verfassungsrealität, aber nur wenige grundsätzliche Gegner. Auch die meisten Kritiker der Demokratie berufen sich in ihrer Kritik auf die Demokratie.

4.2   Zukunftsorientierung

Schon den politischen Denkern aus den Großreichen des Hellenismus und späteren römischen Autoren wie Cicero galt die Demokratie als Regierungsform einer vergangenen Epoche. Demokratie wurde vergangenheitsorientiert gedacht und mit der Existenz kleiner Stadtstaaten aus einer untergegangenen Welt mit politisch eigenständigen *poleis* verbunden. Schon deshalb war sie – ungeachtet ihrer negativen Aspekte – für Autoren wie Montesquieu, John Locke oder die Verfasser der Federalist Papers keine ernsthafte Begriffsoption für die politische Zukunft. Positiver urteilte Hegel über die antike Demokratie, aber auch er vermochte ihr seit der Freisetzung des subjektiven Geistes keine Zukunft mehr zu attestieren. Selbst Autoren wie Spinoza, Hugo Grotius und Rousseau, deren Theorien die Demokratie deutlich aufwerteten, blieben bezüglich einer realistischen Zukunft der Demokratie eher zurückhaltend. Erst mit Tocquevilles Buch über Amerika (1835) beginnt sich eine politische Rhetorik durchzusetzen, die die dominante Zeitstruktur im Bewusstsein vieler Zeitgenossen umkehrt und Demokratie als ein Projekt der Zukunft wahrnehmen lässt. In Tocquevilles Sicht war Nordostamerika schon in weiten Teilen eine Demokratie, und auch in Europa würde sie sich bald durchsetzen, so problematisch diese Tendenz auch sei. Erst mit dieser Zukunftsorientierung konnte der Demokratiebegriff zu einem Schlüsselbegriff der politischen Kämpfe des 19. und 20. Jahrhunderts werden. Gegner wie Befürworter der Demokratie wurden durch diese Perspektive elektrisiert. Die einen, weil sie nun einer Herausforderung gegenüberstanden, die für sich Zukunft beanspruchte; die anderen, weil sie ein realisierbares politisches Projekt mit dem Namen ‚Demokratisierung' vor Augen hatten. Ungeachtet aller Sorgen und Krisendebatten dominiert dieser generelle Zukunftscharakter der Demokratie auch heute die Vorstellungen ihrer Befürworter. Die Idee, dass die Demokratie etwas ist, das ‚noch nicht fertig' ist und der zukünftigen Perfektionierung harrt, gehört heute zum Kern des missionarischen Anspruchs vieler Verfechter der Demokratie.

4.3 Anreicherung

Schließlich erfuhr der Demokratiebegriff in seiner ideengeschichtlichen Karriere markante Veränderungen in seinem institutionellen Inventar. Bestand in der Antike ein Primat der politischen Partizipation und ihrer Institutionen, so setzte sich allmählich eine konstitutionelle Verwendungsweise durch, die das Moment der direkten Beteiligung einschränkte. Es ist der von Benjamin Constant im Jahre 1819 so begrüßte Wechsel von der ‚Freiheit der Alten' (in der Antike) zu der ‚Freiheit der Heutigen' (in der aufkommenden Industriegesellschaft), der diesen Bruch besonders deutlich erkennbar macht: Die Durchsetzung der positiven Bewertung des Demokratiebegriffs geht historisch mit dem Primat liberaler Abwehrrechte sowie mit der Integration des Repräsentativsystems einher. Die institutionellen Folgerungen dieses Transformationsschritts sind erheblich: Die Demokratie wird nun als eine Ordnung betrachtet, die mit einem System von *checks and balances* angereichert werden muss, damit die negative Freiheit – der Schutz des Individuums vor Beschlüssen der demokratischen Mehrheit – gesichert bleibt. Die Liste der Vorschläge, wie die Institutionen der Demokratie entsprechend komplettiert werden sollten, ist lang und bezeugt ein hohes Maß an Kreativität der zeitgenössischen Autoren. Die wichtigsten Elemente, die sich für den institutionellen Bau moderner Demokratien als wirkmächtig erwiesen haben, sind diverse Modelle von Gewaltenteilung, der Föderalismus, mehrstufige Repräsentativsysteme sowie institutionelle Garantien von Rechtsstaatlichkeit (z. B. die Unabhängigkeit der Justiz und die Verfassungsgerichtsbarkeit).

4.4 Der Ertrag der historischen Demokratietheorie

Die historische Demokratietheorie zeigt einerseits auf, dass das gegenüber dem antiken Sprachgebrauch dreifach transformierte Verständnis von Demokratie zu Beginn des 21. Jahrhunderts auf einen imposanten globalen Siegeszug zurückschauen kann. Sie macht aber auch deutlich, dass dieser Siegeszug kein linearer Prozess war und dass es eine Reihe an unabgegoltenen Versprechen und Alternativen zum heute dominanten Verständnis der Demokratie gibt. Für die gegenwärtige Demokratietheorie erfüllt die historische Demokratietheorie zwei elementare

Funktionen, die mit den Metaphern „Archiv" und „Arsenal" umschrieben werden (vgl. Llanque 2008, S. 1–3). Als Archiv bewahrt und tradiert sie die umfangreichen Bestände des politischen Denkens seit seinem Beginn; als Arsenal hält sie einen vielfältigen Fundus an Ideen, Modellen, Erklärungsmustern, Argumenten und Reformvorschlägen für aktuelle wissenschaftliche und politische Debatten bereit. Zu den Impulsen, die von der politischen Ideengeschichte auf die gegenwärtige Demokratiedebatte ausgehen, gehören aktuell Neuformulierungen der Theorie politischer Repräsentation, die Neuaufnahme der Diskussion über Demokratie und Krieg, die Neujustierung des Verhältnisses von Freiheit und Gleichheit, die Renaissance des Republikanismus oder die Wiederentdeckung von Losverfahren für die moderne Politik.[2]

---

[2] Als Überblick zu den aktuellen Debatten über diese Themen vgl. Chevenal (2015).

Empirische Demokratietheorie 5

Die empirische Demokratietheorie beansprucht, politische Systeme, die den Namen Demokratie tragen, zu beschreiben und zu Aussagen über kausale politische Wirkungszusammenhänge in diesen Systemen zu gelangen. Ideengeschichtlich lässt sich die systematische empirische Analyse von Demokratien bis zu Texten von Platon und Aristoteles zurückverfolgen. Die moderne empirische Demokratietheorie klassifiziert demokratische Systemtypen, benennt deren Funktionsvoraussetzungen und misst deren Leistungsfähigkeit. Sie bedient sich dabei unterschiedlicher Methoden der qualitativen und quantitativen Sozialforschung. Ihre Theoriebildung erfolgt in der Regel induktiv auf dem Wege der schrittweise vorgehenden Verallgemeinerung von empirischen Einzelbefunden und ihrer komparativen Einbettung.[1]

Ließ sich die Zahl von Demokratien zu Beginn des 20. Jahrhunderts noch an zwei Händen abzählen, so war ihre Zahl 100 Jahre später enorm angestiegen. Die rapide Vermehrung von modernen Demokratien erfolgte in mehreren Wellen. Die erste Demokratisierungswelle startete in Amerika des 19. Jahrhunderts und ließ bis 1922 (dem Jahr des Machtantritts von Mussolini) insgesamt 29 nach heutigen Maßstäben halbwegs entwickelte Demokratien entstehen. Eine zweite Welle hatte ihren Impuls in der Demokratisierungspolitik der westlichen Alliierten nach dem Zweiten Weltkrieg und erreichte ihren Höhepunkt im Jahre 1962 mit 36 Demokratien weltweit. Mitte der 1970er Jahre setzte eine dritte Demokratisierungswelle ein, die vor allem Länder in Lateinamerika und Südeuropa betraf. Die vierte Welle entstand zu Beginn der 1990er Jahre, als in einer Reihe von Ländern des ehemaligen Ostblocks der Übergang zur modernen Demokratie beschritten wurde. Nachdem aus dem viel gefeierten ‚Arabischen Frühling' der Jahre 2011/12 keine dauerhafte

---

[1] Den besten Überblick über den gegenwärtigen Stand der empirischen Demokratietheorie bieten die Beiträge in Lembcke et al. (2016).

© Springer Fachmedien Wiesbaden 2016
H. Buchstein, *Typen moderner Demokratietheorien*, essentials,
DOI 10.1007/978-3-658-13331-3_5

fünfte Welle der Demokratisierung wurde, sondern die zusammengebrochenen Diktaturen in unübersichtliche Bürgerkriege oder neue Autokratien mündeten, gibt es derzeit wenig Anlass zu der Annahme, dass sich die Zahl der Demokratien in absehbarer Zeit signifikant erhöhen wird. Im Jahr 2015 wurden 89 von 195 selbstständigen Staaten von Freedom House zu den freiheitlichen Demokratien gerechnet. Das ist ein Anteil von 46 % mit einem Anteil der Weltbevölkerung von knapp 40 %. So imposant diese Zahl im historischen Vergleich auch anmutet, so wenig darf darüber die Tatsache aus dem Blick geraten, dass über 60 % der Weltbevölkerung heute in autokratischen Regimen oder in Gesellschaften ohne ein geordnetes politisches System lebt.

Im Hinblick auf bestehende Demokratien sind die wichtigsten Themen, mit denen sich empirische Demokratietheorie aktuell befasst, die Voraussetzungen der Demokratie, die unterschiedlichen Demokratieformen und deren Leistungsfähigkeit sowie die Gefährdungen der Demokratie.

5.1 Die Voraussetzungen der Demokratie

Moderne Demokratien sind auf begünstigende soziale, ökonomische und kulturelle Bedingungen angewiesen. Die empirische Demokratieforschung fragt nach dem konkreten Einfluss dieser Bedingungsfaktoren und danach, inwieweit demokratische Institutionen ihrerseits gesellschaftlichen Wandel bedingen. In den klassischen Demokratietheorien wurden gesellschaftliche Homogenität sowie eine insgesamt überschaubare Größe des politischen Gemeinwesens als Gelingensbedingungen von Demokratien angesehen. Während der territoriale Faktor in der modernen Theorie, die es mit Massendemokratien in Flächenstaaten zu tun hat, inzwischen weniger bedeutend geworden ist, spielt das Homogenitätserfordernis heute eine ambivalente Rolle. Im Anschluss an Claus Offe und Philippe Schmitter können folgende fünf Bedingungen als unabdingbar für die Etablierung und Aufrechterhaltung von modernen Demokratien gelten: 1) die Selbstanerkennung einer politischen Gemeinschaft in Form der Anerkennung der äußeren Landesgrenzen und des historischen Erbes einer gemeinsamen politischen Kultur; 2) die Ablehnung von theokratischen Regimen und stattdessen die breitenwirksame Toleranz gegenüber unterschiedlichen religiösen Einstellungen; 3) die Überbrückung von starken ethnisch definierten Trennungslinien innerhalb einer Gesellschaft; 4) ein ausgewogenes Verhältnis zwischen kapitalistischen Modi der Produktion, Akkumulation und Distribution auf der einen und Interventionen eines demokratisch legitimierten Staates im Interesse eines hinreichend großen Teils der Bevölkerung auf der anderen Seite; 5) ein Maß an sozialer Gerechtigkeit, das es für alle größeren sozialen Gruppen und Klassen attraktiv erscheinen lässt, sich an die Spielregeln des demokratischen Systems zu halten (vgl. Offe und Schmitter 1995, S. 513–517). Zu diesen genannten Bedingungen benötigen funktionierende Demokratien Machtpluralismus im Sinne einer Streuung von Machtressourcen in Wirtschaft und Gesellschaft. Je stärker Machtpositionen in einer Demokratie verteilt sind und je geringer der Konzentrationsgrad von gesellschaftlicher Macht ist, desto stabiler sind sie.

Als mindestens ebenso wichtige Voraussetzung ist der wirtschaftliche Entwicklungsstand einer Gesellschaft zu nennen. Ab einem bestimmten ökonomischen Entwicklungsstand haben Länder eine hohe Wahrscheinlichkeit, zu einer Demokratie zu werden; wohlhabende Staaten haben eine hohe Wahrscheinlichkeit, eine Demokratie zu bleiben. Die Debatte über die Entwicklungsuntergrenze – Adam Przeworski hat sie mit 4000 $ jährlicher Wirtschaftsleistung pro Einwohner (in Preisen von 1990) einzugrenzen versucht – ist ebenso noch im vollem Gange wie die Debatten über historische Ausnahmen von dieser Regel sowie über das relative Gewicht des ökonomischen Faktors im Zusammenhang mit den zuvor genannten Faktoren (vgl. Przeworski 2006; Teorell 2010). Hinter diesen Forschungen stehen handfeste demokratiepolitische Erkenntnisinteressen: Je genauer die empirische Demokratietheorie die Voraussetzungen der Demokratie ermitteln kann, desto besser mag es gelingen, weltweit stabile Demokratien zu schaffen.

5.2   Demokratieformen und Demokratieperformanz

Der größte Teil der Forschung im Bereich der empirischen Demokratietheorie beschäftigt sich mit der Beschreibung, Klassifikation und Analyse von modernen Demokratien. Neben deskriptiven Fallstudien gehören zu dieser Forschung verschiedene Bestrebungen, mit Hilfe von Klassifikationen Ordnung und Übersicht in die empirische Vielfältigkeit an institutionellen Ausgestaltungen von modernen Demokratien zu bringen. Die wichtigsten sechs Klassifikationen der empirischen Demokratieforschung sind: die drei älteren Unterscheidungen zwischen der Direktdemokratie und der repräsentativen Demokratie, zwischen föderalistischen und einheitsstaatlichen Demokratien und zwischen parlamentarischen und präsidentiellen Demokratien; später hinzugekommen sind die Unterscheidungen zwischen Konkurrenz- und Konkordanzdemokratie, zwischen Mehrheits- und Verhandlungsdemokratien und zwischen Demokratien mit unterschiedlich vielen Vetospielern. Zu allen genannten sechs Klassifikationen finden sich Hybride, Zwischenformen und Ergänzungen, die in der empirischen Demokratieforschung näher untersucht werden.

Das Interesse der empirischen Demokratietheorie an solchen Klassifikationen entzündet sich an der Frage nach der Leistungsfähigkeit von verschiedenen Ausprägungen der modernen Demokratie. Diese Leistungsfähigkeit – oder Performanz, wie der Fachausdruck lautet – wird in zwei Dimensionen untersucht. Zum einen sollen Messverfahren ermitteln, welche Unterschiede es zwischen bestehenden Demokratien im Hinblick auf ihre Qualität als Demokratien gibt (intrinsische Performanz). Zum anderen wird danach gefragt, welche institutionellen Settings in modernen Demokratien am besten geeignet sind, um bestimmte politische Probleme zu lösen (extrinsische Performanz).

Vor allem die folgenden empirischen Befunde haben das Interesse über den Kreis der daran Forschenden hinaus erweckt, weil sie tradierten Vorurteilen widersprechen: Präsidentielle Systeme sind parlamentarischen in ihrer Problemlösungsfähigkeit ebenso wenig überlegen, wie sich die ältere These von der besseren Problemlösungsfähigkeit von Mehrheits- oder Konkurrenzdemokratien gegenüber Konkordanz- oder Verhandlungsdemokratien aufrechterhalten lässt. Folgt man den Befunden von Arend Lijphart in seinem Buch *Patterns of Democracy* (2012), dann sind Verhandlungsdemokratien den Mehrheitsdemokratien in ihrer wirtschaftlichen Entwicklung mindestens gleichrangig und schneiden bei der Inflationsbekämpfung sogar besser ab. Überlegen sind sie vor allem bei sogenannten weichen Politikzielen wie Umweltschutz, Entwicklungspolitik und Sozialpolitik. Auch die vor allem in Deutschland gegen die direkte Demokratie ins Feld geführten Bedenken, dass Referenden in erster Linie Demagogen begünstigen oder dass rechtspopulistisches Gedankengut auf diese Weise zur besseren Durchsetzung gelangt, können als widerlegt gelten. Ein weiterer allgemeiner Befund der empirischen Demokratietheorie besteht in der Bedeutung von Pfadabhängigkeiten bei institutionellen Entwicklungswegen von Demokratien, die eine Skepsis gegenüber den Erfolgschancen und den Wirkungen von radikalen Reformvorhaben nähren.

5.3 Gefährdungen und Selbstgefährdungen von Demokratien

Angesichts der routiniert anmutenden Regelmäßigkeit, mit der in der Vergangenheit Krisen der modernen Demokratie ausgerufen wurden, könnte man auf den Gedanken kommen, dass wir es dabei gar nicht unbedingt mit tatsächlichen Krisensituationen zu tun haben, sondern dass das Gespräch über die Krise zur Normalität einer funktionierenden Demokratie gehört. Dramatisierende Krisenszenarien öffnen den Raum für kritische Diagnosen und den genaueren Blick auf problematische Phänomene. Erst Krisendebatten bieten den Anlass für eine politische Selbstvergewisserung oder die Suche nach Reformvorschlägen.

Die beruhigenden Stimmen unter den empirisch arbeitenden Politikwissenschaftlern weisen nüchtern darauf hin, dass Demokratien im Vergleich mit Autokratien bislang deutlich bessere Lern- und Problemlösungsfähigkeiten an den Tag legen: Sie verfügen über gute institutionelle Frühwarnsysteme, sie genießen unter ihren Bürgern hohe Zustimmungsraten, sie können sich außenpolitisch gut gegen ihre Gegner zur Wehr setzen, überdies ist die generelle ‚Großwetterlage' für Demokratien weiterhin gut. Zudem haben Demokratien oberhalb eines bestimmten wirtschaftlichen Entwicklungsstandes eine längere Lebensdauer als Autokratien. Und umgekehrt gilt als generelle Regel, die sich über einen langen historischen Zeitraum robust belegen lässt: Je inklusiver die politischen Institutionen eines Landes sind, desto mehr wirtschaftlicher Wohlstand entsteht (vgl. Acemoglu und Robinson 2012). Angesichts solcher Befunde, so das Argument, sind die Zukunftschancen für die Demokratie vergleichsweise günstig und ist eine (wenigstens moderate) Ausbreitung dieser Regierungsform in der Welt zu erwarten (vgl. Schmidt 2008; Oppenheimer und Edwards 2012).

Politikwissenschaftler, die mit größerer Sorge auf die Zukunft von Demokratien blicken, stellen Selbstgefährdungs- und Erosionstendenzen von Demokratien in das Zentrum ihrer Analysen. Zu den neuralgischen Punkten auf ihrer Liste gehören erstens der schon seit Längerem geäußerte Verdacht, dass Demokratien bei Zukunftsgütern (z. B. dem Umweltschutz oder einer erträglichen Staatsverschuldung) notorisch die Lasten auf zukünftige Generationen verschieben und damit ihre langfristige Leistungsbilanz erheblich eintrüben. Als zweites Sorgenbündel auf der Liste findet sich die These, dass die kulturellen und sozialstrukturellen Prozesse, die mit Stichworten wie Individualisierung, Pluralisierung und Postmodernismus vielfältig überschrieben worden sind, zu einem Maß an interner Diversifikation demokratisch verfasster Gesellschaften und ihrer assoziativen Struktur geführt haben, „das nicht nur keinen materialen Konsens, sondern nicht einmal mehr einen ‚Konsens zweiter Ordnung' (d. h. einen Konsens über vernünftige Verfahren im Umgang mit Dissens) mehr übrig lässt" (Offe 2003b, S. 137). Die Folgen der „Denationalisierung" (Zürn 2011) für die interne Legitimationsbeschaffung in Nationalstaaten stehen als dritter großer Punkt auf der Sorgenliste. Wenn die zentralen politischen Entscheidungen auf supranationaler Ebene getroffen werden und die internen Mechanismen der nationalstaatlichen Demokratien gegenüber solchen Entscheidungen ins Leere laufen, entsteht eine Legitimationslücke, die sich irgendwann auch durch die neuen Formen regierungsamtlich betriebener Legitimitätspolitik nicht mehr zureichend füllen lässt. Einige neuere Diagnosen wie die von Colin Crouch mit seiner These vom Aufkommen der „Postdemokratie" oder von Ingolfur Blühdorn mit seinen Überlegungen zur „simulativen Demokratie" konstatieren bereits eine epochale Rückentwicklung moderner Demokratien.

Demzufolge sind die institutionellen Fassaden der modernen Massendemokratien zwar formal intakt, dahinter habe sich aber längst eine Melange aus inszenierten Wahlkampfspektakeln und verborgenen Einflussnahmen mächtiger wirtschaftlicher Interessengruppen formiert (vgl. Crouch 2008; Blühdorn 2013).

Demgegenüber hat eine in der Politikwissenschaft der 1950er und 1960er Jahre vertretene These, nach der Demokratien gefährdet sind, wenn sich zu viele kritische Bürger politisch engagieren, an Überzeugungskraft verloren. Neueren empirischen Forschungen zufolge trifft die gegenteilige These zu: Die Kritikbereitschaft von Bürgern wirkt sich positiv auf das demokratische Niveau politischer Systeme aus (im Sinne von integren politischen Eliten, geringer Korruption, mehr Mitspracherechten und politischer Effektivität). Jene Bürger, die Kritik als ihre Bürgerpflicht betrachten, sind eine wichtige Ressource der Demokratieentwicklung (vgl. Norris 2011; Geißel 2011).

5.4 Der Ertrag der empirischen Demokratietheorie

Zusammengefasst lässt sich festhalten, dass die empirische Demokratietheorie die häufig zu Generalisierungen neigenden Diskussionen im politischen Alltag mit der Tatsache konfrontiert, dass es nicht die eine Demokratie gibt, sondern eine Vielzahl verschiedener Formen, Ausprägungen und institutioneller Konstellationen von Demokratien. Das Wort Demokratie wird in der Perspektive der empirischen Demokratietheorien gleichsam zu einem Pluraletantum.

Die empirische Demokratietheorie liefert Laboratoriumsberichte über die Erprobung demokratischer Systemkonfigurationen. Manche heftig geführte Kontroverse unter Vertretern normativer und formaler Theorieansätze lässt sich mit Hilfe von Befunden der empirischen Demokratietheorie befrieden – zum Beispiel die Auseinandersetzungen über die angeblichen Stärken von präsidentiellen Systemen, über die behaupteten Vorteile von Mehrheitsdemokratien sowie über die vermeintlichen Gefahren der direkten Demokratie. Auch normative und formale Demokratietheorien müssen der real existierenden Vielfalt von Demokratien gerecht werden können.

Auf der anderen Seite ist die empirische Demokratietheorie auf den Input historischer, normativer und formaler Theorien angewiesen. Denn diese Theorien stellen nicht nur das grundbegriffliche Instrumentarium zur Verfügung, sondern liefern auch das Hypothesenmaterial, an dem sich die empirische Forschung im Detail abarbeiten und mit ihren Ergebnissen profilieren kann.

Formale Demokratietheorie

6

Die formale Demokratietheorie besteht aus konstruierten Modellen, die auf wenigen Axiomen oder Voraussetzungen basieren und sich je nach Theorieansatz unterscheiden. Formale Ansätze gehen von bestimmten Axiomen aus, auf deren Basis sie die Eigenschaften von demokratischen Systemen modellhaft ableiten. Ihre Theoriebildung erfolgt auf deduktivem Wege. Weder ihre Grundannahmen noch die Modelle erheben einen normativen Anspruch – etwa in dem Sinne, dass die jeweiligen Autoren sie als positive Ideale präsentieren. Im Hinblick auf ihre empirische Gültigkeit zehrt die formale Theorie von der Hoffnung, empirisch zutreffende Grundannahmen gewählt sowie die Modelle richtig konstruiert zu haben, um damit eine Erklärung von Funktionsabläufen in existierenden Demokratien geben zu können.

In der modernen Demokratietheorie konkurrieren zwei formale Theorieansätze miteinander, der akteurszentrierte Ansatz von *Rational Choice*-Modellen und der systemorientierte Ansatz von Niklas Luhmann. Sie setzen an gegenüberliegenden Enden des politischen Prozesses an. *Rational-Choice*-Theorien gehen zunächst von individuellen Akteuren aus, denen sie rationale Handlungsmotivationen unterstellen. Wenn sie sich auf höheren Ebenen des politischen Prozesses mit den Handlungen kollektiver Akteure befassen, versuchen sie mit Hilfe derselben Rationalitätsannahmen das Verhalten von Verbänden, Parteien und Staaten zu erklären. Die Systemtheorie beginnt demgegenüber auf der Makroebene der Gesellschaft. Sie begreift die verschiedenen Bereiche einer Gesellschaft als in sich abgeschlossene Systeme und untersucht deren Struktur sowie Funktion für die Gesamtgesellschaft.

© Springer Fachmedien Wiesbaden 2016
H. Buchstein, *Typen moderner Demokratietheorien*, essentials,
DOI 10.1007/978-3-658-13331-3_6

6.1   Rational Choice

Die Modelle von *Rational Choice* liefern wichtige Einsichten in potentielle Mängel und Problemlagen moderner Demokratien.[1] Die Problemdiagnosen beziehen sich auf vier Bereiche: auf die Konsumenten und auf die Anbieter im ökonomischen Politikmodell, auf die zwischen ihnen geltenden Spielregeln sowie auf das Handeln kollektiver Akteure in der Politik.

Die Konsumenten des politischen Marktes sind die Bürger. *Rational Choice* macht auf das Faktum aufmerksam, dass Wählen und andere Formen des politischen Handelns immer auch Kosten verursachen, seien es Zeit, Geld oder Aufmerksamkeit. Die Bürger, die über eine bestimmte Streitfrage am besten informiert sind, sind zuvorderst jene, auf deren Einkommen sich die Streitfrage besonders auswirkt. Generell gilt: Der Ertrag einer informierten Wahlentscheidung ist aufgrund der randständigen Bedeutung der eigenen Stimme so gering, dass es für die meisten Bürger irrational ist, politische Informationen für Wahlzwecke zu erwerben, es handelt sich mithin um eine ‚rationale Unwissenheit' der Bürger.

Die Anbieter auf dem politischen Markt sind die professionellen Politiker. In den Modellen von *Rational Choice* finden sie sich in der Rolle von politischen Unternehmern, deren Kalkül es ist, für genügend Bürger als wählbar zu gelten, um die Wahl zu gewinnen. Programmatisch werden sie deshalb so unklar wie möglich bleiben und versuchen, unterschiedliche Wählergruppen mit sich zum Teil ausschließenden Programmpunkten zu gewinnen. Auch werden sie sich an einer Emotionalisierung der politischen Auseinandersetzung und dem Aufgreifen populistischer Forderungen beteiligen, wann immer es ihren Erfolgskalkülen dient. Einmal an die Regierung gekommen, haben Politiker ein Interesse, ihre Klientel zu bedienen, um wiedergewählt zu werden. Ihr kurzfristiges Interesse an der Wiederwahl konterkariert langfristige Politiken, wie sie insbesondere in den Politikfeldern der Finanz-, Renten-, Bildungs-, Umwelt- und Klimapolitik notwendig sind, um Erfolge zu erlangen.

Die Spielregeln des politischen Marktes bilden die demokratischen Entscheidungsprozeduren. Dass selbst klare Mehrheitsentscheidungen möglicherweise Legitimationsdefizite aufweisen, geht aus verschiedenen entscheidungstheoretischen Modellierungen von *Rational Choice* hervor. So lässt sich beispielsweise zeigen, dass allein einfache Änderungen in der Reihenfolge der abzustimmenden Tagesordnungspunkte zu gravierenden Unterschieden bei den Abstimmungsresultaten führen können.

---

[1] Als einführenden Überblick vgl. Schaal und Kaufmann (2016).

Schließlich werden auch Einwände gegen die Pluralismustheorie, wie sie in der Bundesrepublik beispielsweise von Ernst Fraenkel begründet worden ist, vorgetragen. Die pluralistische Demokratietheorie geht davon aus, dass sich Bürger für die Durchsetzung ihrer politischen Interessen zu Gruppen zusammenschließen, um auf diese Weise größeren Einfluss nehmen zu können. Die Vielfalt der organisierten Gruppeninteressen gilt den Pluralisten als Indikator der Differenziertheit und demokratischen Kultur einer Gesellschaft. Die Kritik an solchen Vorstellungen ist von Seiten des *Rational Choice*-Ansatzes erstmals 1965 von Mancur Olson formuliert worden.[2] Danach ist es – anders als in den Annahmen der Pluralisten – keineswegs selbstverständlich, dass Menschen, die ein gemeinsames Interesse haben, sich auf der Handlungsebene auch tatsächlich gemeinsam für dieses Interesse einsetzen. Im Gegenteil: Häufig ist es für individuelle Akteure ausgesprochen zweckrational, als Trittbrettfahrer zu handeln und darauf zu warten, dass sich andere Bürger für das gemeinsame Ziel einsetzen – welches dann häufig gar nicht erlangt wird, weil alle so denken. Nach der Logik des von Olson entworfenen Modells kollektiven Handelns stehen die Leidtragenden von politischen Handlungsketten in vielen Fällen bereits vor dem Beginn des pluralistischen Ringens der kollektiven Akteure um politische Einflussnahme fest: Es sind die großen latenten Gruppen, obwohl sie – nein: gerade weil sie – Ziele haben, die am ehesten als Allgemeinheitsinteresse gelten können (wie eine nachhaltige Klimapolitik oder eine langfristig verantwortliche Finanzpolitik).

Insgesamt beansprucht der formale Theorieansatz von *Rational Choice*, eine ökonomische Theorie der Politik zu liefern, die ihre Modelle und Hypothesen aus Grundannahmen über das menschliche Handeln, die sie den Wirtschaftswissenschaften entnommen hat, logisch ableitet. Diese Deduktionen erheben den Anspruch, das politische Handeln von Akteuren unter definierten Bedingungen voraussagen zu können. Stößt man in der Realität auf Abweichungen von den Deduktionen, muss nach diesem Theorieverständnis das Modell um weitere Zusatzannahmen erweitert werden, bis es die Vorgänge in der politischen Realität nachvollziehbar zu erklären vermag.

6.2 Systemtheorie

In völlig anderer Weise setzt sich die Systemtheorie, insbesondere in der von Niklas Luhmann (1927–1998) ausgearbeiteten Variante, kritisch mit der modernen Demokratie auseinander. Luhmann setzt gesellschaftstheoretisch an, wobei er Gesell-

---

[2] Vgl. die klassische Studie von Olson (1965).

schaft als prekäre Einheit von miteinander horizontal verknüpften und sich immer weiter ausdifferenzierenden Funktionssystemen versteht. Das politische System ist nur eines dieser Teilsysteme und die Demokratie ist lediglich eine von mehreren möglichen Organisationsformen des politischen Systems.[3]

Die Funktion des politischen Systems besteht darin, zu gewährleisten, dass kollektiv bindende Entscheidungen getroffen werden. Das spezifische Medium des politischen Systems ist Macht, der Code für die systemspezifische Kommunikation lautet entsprechend Macht/Ohnmacht. Die Kontrolle des Machtgebrauchs im politischen System wird durch den formellen Besitz von Ämtern gesichert. Das politische System ist wie alle Systeme autopoietisch und selbstreferentiell, das heißt, es reproduziert sich ausschließlich selbst und besteht relativ abgeschlossen gegenüber den anderen gesellschaftlichen Teilsystemen, wie der Wirtschaft, der Religion oder der Wissenschaft. Diese basieren nicht auf dem Medium Macht, sondern haben ein eigenes Medium und operieren auf der Grundlage von Geld, Glaube bzw. Wahrheit. Moderne Gesellschaften sind durch das Nebeneinander dieser autopoietischen Systeme gekennzeichnet.

Luhmann definiert die Demokratie als die Spaltung der Spitze des ausdifferenzierten politischen Systems durch die Unterscheidung von Regierung und Opposition. Der ursprüngliche politische Code Macht/Ohnmacht wird durch eine Zweitcodierung überlagert: Macht wird nochmals aufgespalten in den demokratiespezifischen Code Regierung/Opposition. Zwar hat die Opposition keine Regierungsmacht, sie übt aber indirekt Einfluss aus über die Option, nach den nächsten Wahlen die Macht erringen zu können. Entsprechend ist die gesamte politische Kommunikation darüber codiert, dass sie entweder Vorteile für die Regierung oder für die Opposition sieht. Zudem kann die Regierung Vorschläge der Opposition aufgreifen. Auf diese Weise wird die Spitze des politischen Systems zum Ausgangspunkt der Produktion von alternativen Möglichkeiten.

Infolge ihrer Doppelcodierung zeichnet sich die Demokratie durch ein „möglichst weit gehendes Offenhalten von Optionen" und eine besondere „Sensibilität des Systems" (Luhmann 1986, S. 211) für interne Krisen aus. Der Besitz politischer Ämter in der Demokratie bleibt kontingent, denn er ist das Ergebnis einer regelmäßig wiederholten Selektion von Personen und politischen Programmen, bei der vormalige Entscheidungen revidiert werden können. Die Legitimation politischen Machtbesitzes erfolgt durch die Verfahren, die der Code Regierung/ Opposition vorgibt. Neben den Wahlen sind bei Luhmann die Diskussionen in der

---

[3] Zur demokratietheoretischen Relevanz von Luhmanns Systemtheorie vgl. Czerwick (2003) und Hein (2011).

Medienöffentlichkeit die wichtigsten dieser Verfahren. Laut Luhmann ist Oppositionsmangel gleichbedeutend mit Demokratiemangel und Diktatur.

Die Demokratie ist keine Selbstverständlichkeit der Moderne, sondern eine „höchst voraussetzungsvolle" und „evolutionär unwahrscheinliche" (Luhmann 1986, S. 216) politische Errungenschaft, welche notorisch vielen Selbstgefährdungen ausgesetzt ist. Diese Selbstgefährdungen bestehen einmal darin, dass sich die Opposition in ihrem Interesse, an die Macht zu gelangen, so sehr der Regierung angleicht, dass sich das Spektrum der im politischen Zentrum thematisierten gesellschaftlichen Probleme verengt. Eine weitere Selbstgefährdung besteht in einer Selbstüberforderung der Politik durch zu großen Steuerungsoptimismus. Luhmanns Theorie begründet zwar keinen rigiden Steuerungspessimismus, wohl aber eine gehörige Portion Skepsis bezüglich der Erfolgswahrscheinlichkeit staatlicher Steuerungsversuche. Aus seinen Annahmen über die operative Geschlossenheit von gesellschaftlichen Subsystemen sowie über die fehlende Hierarchie unter den Funktionssystemen folgt die Unmöglichkeit, dass ein System ein anderes durchgehend steuern kann. Erfolgversprechend sind allenfalls indirekte Steuerungsversuche, die in den Sprachcodes der jeweiligen Subsysteme erfolgen müssen. Geld und Recht sind zwei der Codes aus anderen Systemen, über die das politische System indirekt gesteuert werden kann.

Luhmann zufolge werden die Grenzen direkter politischer Steuerung vor allem bei den finanzpolitischen Problemen moderner Wohlfahrtsstaaten erkennbar. Aber auch in anderen Politikfeldern, wie dem Schutz der natürlichen Umwelt, kann das politische System seiner Theorie zufolge sehr viel weniger Wirkungen erzeugen, als viele Bürger erwarten und manche Politiker behaupten. In Anschluss an Luhmann hat Helmut Wilke die Gefährdungsanalyse der Demokratie angesichts der dreifachen Herausforderung von Globalisierung, Wissensgesellschaft und organisierter Komplexität weiter zugespitzt und dargelegt, wie eng aus systemtheoretischer Perspektive die Spielräume für die Erneuerung der Demokratie anzusehen sind (vgl. Wilke 2014).

6.3   Der Ertrag der formalen Demokratietheorie

Die beiden skizzierten formalen Theorieansätze befehden sich nicht nur untereinander, sondern sind auch in den gegenwärtigen politikwissenschaftlichen Debatten heftig umstritten. Sowohl für die empirische wie für die normative Demokratietheorie stellen formale Ansätze zunächst eine Provokation dar. Viele Politikwissenschaftler und Politikwissenschaftlerinnen begegnen dieser Provokation dadurch, dass sie die formalen Ansätze für nicht wirklich überprüfbar erklären (so ein

Vorwurf seitens empirischer Demokratietheorien gegenüber der Systemtheorie) oder die handlungs-theoretischen Annahmen des *homo oeconomicus* für zu eng ansehen (so ein Vorwurf seitens normativer Demokratietheorien gegenüber *Rational Choice*). Einer der Gründe für die Attraktivität von *Rational Choice* in den Sozialwissenschaften ist die Sparsamkeit des Handlungsmodells, denn solange sie eine vergleichbar gute Erklärungskraft haben, sind einfache Modelle komplexeren theoretischen Modellen vorzuziehen. Dagegen richtet sich dann allerdings der Einwand, dass die Annahme, jede Handlung maximiere per definitionem den Nutzen eines Akteurs, die mit Hilfe des Ansatzes von *Rational Choice* getroffenen Aussagen tautologisch werden lässt und ihm letztlich sämtliche Erklärungskraft nimmt.[4]

Es gibt aber auch eine Reihe produktiver Umgangsweisen mit formalen Theorieangeboten. So lassen sich nicht wenige Überlegungen von Klassikern der politischen Ideengeschichte (wie Thukydides, Hobbes oder Rousseau) prägnanter formulieren, wenn sie in die formale Sprache von *Rational Choice* übersetzt werden. Empirisch forschende Politikwissenschaftlerinnen und Politikwissenschaftler helfen sich mit einem pragmatischen Umgang mit formalen Theorien, indem sie diese nicht rigide übernehmen, sondern als Erklärungsangebote modifizieren und in andere Theorieansätze integrieren – so für *Rational Choice* mit dem Vetospieler-Ansatz und für die Systemtheorie in der Steuerungstheorie (vgl. Tsebelis 2002; Dahme und Wohlfahrt 2010). Schwerer tun sich immer noch viele normative Demokratietheorien mit formalen Theorieangeboten. Doch indem Systemtheorie und *Rational Choice* trotz ihrer sonstigen Divergenzen darin übereinstimmen, dass sie Irrationalitäten, Leistungsdefizite und Selbstgefährdungen von Demokratien explizit zum Thema machen, leisten sie einen wichtigen Beitrag zur normativen Theorienbildung. Denn sie zwingen dazu, sich stärker mit den Schwächen und Schattenseiten von Demokratien auseinanderzusetzen.

---

[4] Diese Einwände finden sich ausführlich formuliert und diskutiert in Green und Shapiro (1999).

Normative Demokratietheorie 7

In Abgrenzung zu den bisherigen Zugangsweisen zum Thema Demokratie machen normative Theorien Aussagen über positive Sollens-Zustände. Die normative Demokratietheorie beansprucht, überzeugende Begründungen für demokratische Herrschaftssysteme und deren konkrete institutionelle Ausgestaltung geben zu können. Ihre Aussagen fungieren als kritische Maßstäbe bei der Qualitätsbewertung real existierender politischer Systeme.

Die empirische Beobachtung zeigt, dass Normativität ein zentrales Phänomen des sozialen und politischen Lebens ist. Normative Erwartungen regulieren und strukturieren auf vielfältige Weise die sozialen und politischen Beziehungen der Menschen untereinander. Allgemein besteht die zentrale Leistung von Normativität in der „Bezeichnung und Sichtbarmachung von Alternativen" (Möllers 2015, S. 14) zur bestehenden Realität. Die Grundoperation des Normativen ist Christoph Möllers zufolge deshalb zunächst negativ; erst darauf aufbauend setzt die Affirmation eines alternativen besseren Zustandes an.

Vertreter der normativen Demokratietheorie gehen der Möglichkeit nach, den „normativen Sinn" (Habermas 2009, S. 13) von politischen Institutionen intersubjektiv nachvollziehbar darlegen zu können. Von einem adäquaten theoretischen Umgang mit dem Phänomen der Normativität verlangen sie dezidiert, dass wir überzeugende Gründe für das politische Sollen anzugeben vermögen, die ein entsprechendes Handeln nicht nur erklären, sondern es auch rechtfertigen können (vgl. Schmalz-Bruns und Hitzel-Cassangnes 2003, S. 134 f.). Beriefen sich Vertreter der normativen Politischen Theorie in der Gründungsphase des Faches für dieses Ansinnen auf antike oder naturrechtliche Theorietraditionen, so wird die unumgängliche Normativität des Politischen heute eher im Rekurs auf geteilte moralische Intuitionen (John Rawls) und auf anthropologische Konstanten (Martha Nussbaum) gegründet oder in den allgemeinen Strukturen der menschlichen Kommunikation (Jürgen Habermas) verankert.

© Springer Fachmedien Wiesbaden 2016
H. Buchstein, *Typen moderner Demokratietheorien*, essentials,
DOI 10.1007/978-3-658-13331-3_7

Nach Christoph Möllers sind demokratische Ordnungen allerdings in einem ganz speziellen Sinne normative Ordnungen, denn sie lassen sich am besten als Ordnungen verstehen, deren normativer Anspruch nicht nur in jeweils konkreten Situationen unerfüllt ist, sondern letztlich auch nie vollständig erfüllt werden kann. In Demokratien ist die Reflexion auf ihre normativen Grundlagen und die Kritik an ihrer unzureichenden Realisierung gleichsam auf Dauer gestellt: „Es ist in einer Demokratie üblich, die eigenen undemokratischen Zustände zu kritisieren, und dies unterscheidet sie von autoritären [….] Systemen" (Möllers 2015, S. 452).

Zum wissenschaftstheoretischen Selbstverständnis der normativen Demokratietheorie gehört, dass die Begründung und die Kriterien für die Bewertung der Demokratie nicht unter dem Signum einer angeblichen Wertfreiheit der Wissenschaft in den vorwissenschaftlichen Bereich abgedrängt, sondern explizit zum Gegenstand der wissenschaftlichen Tätigkeit gemacht werden. Die moderne normative Demokratietheorie erhebt einen universellen Geltungsanspruch, das heißt sie leitet ihre Überlegungen von Grundwerten ab, für die sie zu begründen versucht, dass sie als allgemein anerkennenswert erachtet werden können.

Wenn heute im Sinne der oben im ideengeschichtlichen Abschnitt geschilderten semantischen Transformationen des Demokratiebegriffs von Demokratie gesprochen wird, dann ist damit nicht das gemeint, was als, Volksdemokratie in Nordkorea, als gelenkte Demokratie in Russland oder als illiberale Demokratie in Victor Orbans Ungarn firmiert. Vielmehr wird damit gerade darauf hingewiesen, dass das Attribut demokratisch an Minimalbedingungen gekoppelt wird. In diesem Sinne ist die Demokratie also kein völlig offener Begriff, der „*essentially contested*" ist, sondern ist sie ein „*boundedly contested concept*" (Lord 2004, S. 11 f.), das über einen Bedeutungskern verfügt, über den Konsens besteht, das aber in seinen Außenbereichen umstritten ist.

Diese *Minimalbedingungen* des Systemtyps moderne Demokratie lassen sich aus einem einzigen normativen Grundprinzip ableiten: Dem Anspruch auf politische Gleichberechtigung aller Angehörigen einer politischen Ordnung. Im Einzelnen lauten die vier Minimalbedingungen: 1) Der Kreis der Autoren und der Kreis der Adressaten der für ein politisches Kollektiv verbindlichen und in einer Verfassung garantierten Regeln sind deckungsgleich. 2) Im Rahmen dieser Regeln werden über den Weg allgemeiner, freier und gleicher Wahlen, die 3) in regelmäßigen Abständen eine gleichberechtigte Mitwirkung aller Staatsangehörigen bei der Wahl oder Abwahl des politischen Führungspersonals möglich machen, politische Entscheidungen getroffen. 4) Die freie Meinungsäußerung und Interessenwahrnehmung durch gesicherte Rechte der politischen Selbstorganisation und politischen Opposition für alle Bürger sind in allen Phasen des politischen Prozesses garantiert. Diese Grundwerte sind unterschiedliche Auslegungen des demokratischen Gleichheitspostulats und akzentuieren damit jeweils verschiedene Facetten des kulturellen Wertekanons der Moderne: Beteiligungsansprüche, individuelle Rechte, Gerechtigkeit, soziale Gleichheit und Selbstverwirklichung.

Die normative Demokratietheorie differenziert sich intern in der Art der Begründung ihrer Sollensaussagen, darin, ob und inwieweit sie über die genannten Minimalbedingungen hinausgehen und dahin gehend, wie sie die Demokratie institutionell konkret ausgestaltet sehen wollen. In den vergangenen 40 Jahren ist es zu einer bis dato nicht gekannten Ausdifferenzierung und argumentativen Verästelung normativer Theorieansätze gekommen. Neben den klassischen Ansätzen in der modernen Demokratie wie der liberalen, elitären, konservativen, sozialistischen und partizipativen Demokratietheorie ist unter verschiedenen Überschriften eine ganze Reihe als neu präsentierte Strömungen hinzugekommen. Dazu gehören die deliberative, feministische, neorepublikanische, neoliberale, kommunitaristische, kosmopolitane, assoziative, grün-ökologische, subsidiäre, ethnozentristische, multikulturalistische, postmoderne, reflexive und die aleatorische Demokratietheorie, um einige der einschlägigen Bezeichnungen aufzulisten.

Die in den vergangenen Dekaden fast exponentiell gewachsene Anzahl der Arbeiten zur normativen Demokratietheorie lassen sich drei Untertypen zuordnen, die sich darin unterscheiden, was Martin Saar die „Bauweisen" von Politischer Theorie genannt hat. Saar verwendet die Baumetaphorik für die Unterscheidung von konstruktiven, rekonstruktiven und dekonstruktiven Architekturen von Theorien.[1] In der *konstruktiven* (wie bei Rawls) und der *rekonstruktiven* (wie bei Habermas) Theoriebildung wird auf unterschiedliche Weise nach überzeugenden Begründungen für bestimmte politische Ordnungssysteme oder Handlungen gesucht, während Beiträge, die *dekonstruktiv* (wie in der Tradition der marxistischen Ideologiekritik oder Derridas) vorgehen, die jeweils zentralen politischen Normen und politischen Begriffe einer radikalen genealogischen Kritik aussetzen und damit eingespielte Rationalitätsstandards (in durchaus aufklärerischer Absicht) bewusst zu unterlaufen beabsichtigen.

Um sich jedoch speziell im Bereich der normativen Demokratietheorie eine grundlegende Orientierung im Gestrüpp der konkurrierenden Theorievorschläge zu verschaffen, ist es darüber hinaus hilfreich, danach zu fragen, auf welchen *Phänomenbereich* sich die verschiedenen Angebote der normativen Demokratietheorie in erster Linie konzentrieren. Aus den Antworten auf diese Frage lassen sich dann drei normative Achsen gewinnen, auf denen sich die zeitgenössischen Theorievorschläge vergleichend eintragen lassen. Diese Achsen beziehen sich auf den Geltungsbereich von Demokratie, auf die Partizipationsintensität in der Demokratie sowie auf den Rationalitätsgehalt von demokratischen Institutionen und Verfahren.

---

[1] Vgl. zu dieser Unterscheidung von Martin Saar: Jörke und Nullmeier (2012, S. 6).

7.1 Der Geltungsbereich von Demokratie

Auf der ersten Achse geht es um die Frage, auf welchen Geltungsbereich sich der Demokratiebegriff erstrecken darf und soll. Normative Theorien geben hier unterschiedliche Antworten auf die Frage, welche sozialen Gegenstandsbereiche überhaupt als demokratiefähig angesehen werden können und wer in den Genuss demokratischer Rechte kommen soll. Den neueren Debatten ist eine inkludierende Perspektive, das heißt die Hereinnahme zusätzlicher gesellschaftlicher Bereiche und Gruppen in den Geltungsbereich demokratischer Prinzipien, gemeinsam.

Eine bereits seit dem letzten Drittel des 19. Jahrhunderts bis heute virulente Debatte kreist um die Frage, ob Demokratie in einem engen Sinne ausschließlich auf Institutionen des modernen Staates bezogen werden darf oder ob Demokratie in einem weiten Sinn als eine ‚Lebensform' verstanden werden muss und damit auch in andere Bereiche des alltäglichen Lebens wie die Arbeitswelt oder Schulen und Hochschulen Eingang finden soll. In der Tradition sozialistischer und sozialdemokratischer Theorieansätze richten die Anhänger eines weiten Demokratiebegriffs ihren kritischen Blick vor allem auf die zeitgenössische Arbeitswelt und erheben hier umfassende Demokratisierungsansprüche (vgl. Demirovic 2011).

Seit den 1980er und 1990er Jahren bilden feministische Demokratietheorien einen zweiten Debattenschwerpunkt für Ausweitungen des Demokratieverständnisses. Ausgehend von der empirischen Beobachtung, dass es trotz des Frauenwahlrechts einen *gender gap* in modernen Demokratien gibt, zielen diese Ansätze darauf ab, Frauen und solche Themen, die Frauen als soziale Gruppe stärker betreffen als Männer, verstärkt in politische Prozesse einzubeziehen. Vielfach wurde mit der Erfüllung dieser Forderung auch eine qualitative Verbesserung von Politik in Verbindung gebracht. Die damit verbundenen positiven Erwartungen bezogen sich auf einen anderen, kommunikativeren Politikstil sowie eine politische Reformagenda, in deren Mittelpunkt die bessere Vereinbarkeit von Familie, Beruf und politischer Beteiligung in der modernen Gesellschaft steht.[2]

Parallel zur feministischen Demokratietheorie wurden in den 1980er und 1990er Jahren in einem dritten Inklusionsdiskurs verschiedene Konzeptionen von multikultureller Demokratie entwickelt, denen vor dem Hintergrund von Migrationsbewegungen in stabile Demokratien aktuell verstärkt Bedeutung zukommt. Ausgehend von der empirischen Beobachtung, dass Minderheiten in liberalen Demokratien vielfach diskriminiert werden und ihnen eine angemessene politische Repräsentation fehlt, besteht ihr Ziel darin, die unterschiedlichen kollektiven Identitäten in einer Bürgerschaft angemessen zur Geltung gelangen zu lassen. Im Kern

---

[2] Vgl. als deutschsprachige Standardwerke: Holland-Cunz (1998) und Sauer (2001).

laufen die von diesem Anliegen ausgehenden Reformvorschläge auf die Öffnung bestehender institutioneller Arrangements hinaus. Teilweise werden auch Quotenregelungen vorgeschlagen, die dann mit dem liberalen Gleichheitsgebot austariert werden müssen (vgl. Strecker 2011).

In einem weiteren Inklusionsdiskurs werden von verschiedenen Autoren seit Mitte der Jahrtausendwende Überlegungen angestellt, auch die Interessen von Kindern – beispielsweise durch ein von den Eltern wahrgenommenes Kinderwahlrecht – und von zukünftigen Generationen in die politischen Abläufe der Demokratie einzubeziehen (vgl. Hurrelmann und Schulz 2015). Spätestens die Diskussion um die politischen Rechte von Kindern gibt einen Hinweis auf die Schwierigkeit, ein für alle Mal gültige Kriterien für eine Begrenzung der demokratischen Inklusionstendenz zu finden. In der Semantik von „Demokratisierung" ist die Demokratie ein prinzipiell unabgeschlossener Prozess, über dessen konkrete Begrenzung oder Ausweitung immer wieder neu entschieden werden muss.

7.2   Die Partizipationsintensität in der Demokratie

Auf einer zweiten Achse machen die verschiedenen Varianten der normativen Demokratietheorie Aussagen über die anzupeilende Intensität der politischen Beteiligung und damit gleichsam über den idealen Abstand von Herrschern und Beherrschten in der Demokratie. Die Debatten um diese Frage wurden in der Vergangenheit in vielerlei Gestalt geführt. Genannt seien aus der ersten Hälfte des 20. Jahrhunderts die Kontroversen zwischen Anhängern der Rätedemokratie und des Parlamentarismus sowie die bis heute unvermindert anhaltende Kontroverse zwischen Vertretern der repräsentativen und der plebiszitären Demokratie. Die Diskussionen über Bürgergesellschaft, neue Beteiligungsformen oder Vor- und Nachteile von interaktiven politischen Kommunikations- und Abstimmungsformen im Internet gehören ebenfalls in diesen Zusammenhang.

In allen genannten Kontroversen wird im Kern über die adäquate Rolle der Bürgerinnen und Bürger in der Demokratie gestritten und entsprechend grundlegend sind die debattierten Fragen: Kann politische Beteiligung rein instrumentell betrachtet werden als eine von mehreren Handlungsalternativen, die sich Bürgern bieten, um ihre eigenen Interessen durchzusetzen? Oder ist politische Beteiligung ein ‚Wert an sich', wie Hannah Arendt und andere Verfechter einer intrinsischen Partizipationstheorie argumentieren? Und wenn dem so sein sollte: Was kann als originäres politisches Handeln in der Demokratie gelten? Die verschiedenen Spielarten von *Grassroot-* oder Basisdemokratie setzen auf das Rollenbild des intensiv partizipierenden Aktivbürgers. Liberale und elitäre Demokratievorstellungen verknüpfen ihre Version von repräsentativer Demokratie demgegenüber mit einer Vertrauensbeziehung zwischen Wählern und Gewählten. Und rechtspopulistische sowie autoritäre Demokratietheorien sehen in der Akklamation der Massen die genuin demokratische Aktivität. Die konkurrierenden normativen Argumente in diesen Debatten basieren auf Unterschieden der ihnen zugrunde gelegten Menschenbilder und divergierenden politischen Philosophien, die sich nicht allein mit ideengeschichtlichen, empirischen oder formalen Argumenten entscheiden lassen.

7.3 Der Rationalitätsgehalt der Demokratie

Schließlich beinhalten Demokratietheorien in einer dritten normativen Dimension bestimmte Vorstellungen über den Rationalitätsgehalt der demokratischen Willensbildung. Wie sehr die Rationalitätsfrage an Bedeutung gewonnen hat, lässt sich am Siegeszug der deliberativen Demokratietheorie seit den 1990er Jahren ablesen. Deliberation ist die gründlich reflektierende Auseinandersetzung und Beratung über politische Fragen. Die deliberative Demokratie soll dazu beitragen, dass politische Akteure nicht nur ihre richtig verstandenen Eigeninteressen verfolgen, sondern ihre Version von dem, was sie für das Gemeinwohl halten. Dieser Einstellungswandel wird der Öffentlichkeit von Deliberationsprozessen zugeschrieben und als moralischer Effekt der öffentlichen Diskussion oder auch „diskursive Kläranlage" (vgl. Habermas 2006, S. 93) bezeichnet.

Die polemische Stoßrichtung der deliberativen Demokratietheorie richtet sich gegen das *Rational Choice*-Modell der Aggregation von einmal gegebenen Präferenzen und zielt demgegenüber auf deren Veränderbarkeit in kommunikativen Prozessen. Die institutionellen Vorschläge der deliberativen Demokratietheorie gehen allerdings in verschiedene Richtungen. Es lassen sich drei Grundrichtungen erkennen (vgl. Jörke und Buchstein 2009): Die erste versteht mit Robert E. Goodin unter Deliberation einen Nachdenkensprozess, der letztlich bei jedem Bürger selbst vor sich gehen soll. Die politikpraktischen Konsequenzen dieses Deliberationsverständnisses bestehen in der Forderung nach einer besseren kulturellen Ausbildung der Bürger, die es ihnen ermöglicht, sich gedanklich in andere hineinzuversetzen. Eine zweite Richtung betont mit Jürgen Habermas die moralischen Rationalitätsgewinne als Folge realer politischer Kommunikation und zielt darauf, deliberative Chancen im bestehenden institutionellen Gefüge gegenwärtiger liberaler Demokratien zu optimieren. Gesellschaftspolitisch weitergehende Konsequenzen ziehen die Ansätze von John Dryzek und Iris Marion Young. Sie identifizieren die gravierenden sozioökonomischen Ungleichheiten in modernen Gesellschaften sowie eine Benachteiligung der Angehörigen von Minderheiten als Störfaktoren gelingender

Deliberation, denen aus im Interesse einer gelingenden deliberativen Demokratie abgeholfen werden muss.

Die partizipative Komponente ist vielen Verfechtern der deliberativen Demokratietheorie zu einem Ballast geworden. Damit stehen sie nicht allein. Derzeit tendieren die meisten normativen Demokratieansätze – anders als in den 1970er und 80er Jahren – zu einer besonderen Betonung der ‚Output-' gegenüber der ‚Input'-Seite, indem sie auf institutionelle Arrangements abzielen, die primär die Effizienz von Entscheidungsvorgängen und den materialen Rationalitätsgehalt politischer Entscheidungen erhöhen. Interne Differenzen zwischen den Ansätzen ergeben sich heute vornehmlich dort, wo es um die jeweiligen Rationalitätskriterien geht, also ob die Effektivität, die Implementierbarkeit, eine faire Interessenrepräsentation, die Stabilität, die Gerechtigkeit oder das Gemeinwohl als das wichtigste und damit durch das demokratische Verfahren zu erzeugende Gut angesehen wird.

Eine konsequente Umstellung des Demokratiebegriffs auf die Rationalität der Output-Dimension – sollte sie sich überhaupt jemals durchsetzen – wäre mit Blick auf die politischen Perspektiven der Demokratie allerdings nicht ohne Risiko. Denn wenn die Demokratie primär instrumentell über ihre Leistungen (etwa im Bereich der Wohlfahrt oder Sicherheit) öffentlich legitimiert wird, darf es nicht verwundern, wenn demokratische Systeme ohne langes Zögern zur Disposition gestellt werden, sobald sie diese Leistungen, beispielsweise im Zuge von terroristischen Bedrohungen oder in der Folge von Wirtschafts- und Finanzkrisen, nicht mehr im gewohnten Maße erbringen. Schon aus diesem Grund wird eine argumentativ verteidigungsstarke Demokratietheorie nicht ohne ein Mindestmaß an intrinsischen Motivationen für politische Beteiligung auskommen können. Die Existenz der Demokratie stellt immer auch eine symbolische Manifestation der besonderen Wertschätzung von gleicher politischer Freiheit und kollektiver Selbstbestimmung dar.[3]

Noch stärker in Opposition zu der skizzierten Rationalisierung der Demokratietheorie stehen die Vertreter postmoderner Theorieansätze. Sie verweisen auf die Kontingenz politischen Handelns und plädieren für ein aktivistisches Demokratieverständnis, das sich von den institutionellen Zwängen der liberalen Demokratie befreit hat. Die Texte der postmodernen Autoren sind häufig in mitreißender rhetorischer Verve geschrieben; wer darin nach Hinweisen für Veränderungsansätze demokratischer Ordnungen oder nach Lösungen für normative oder praktische Probleme sucht, wird allerdings kaum fündig.[4]

---

[3] Vgl. zu diesem Aspekt der Demokratiebegründung Christiano (2008, S. 75 ff.) und Buchstein (2009, S. 213 ff.).

[4] Vgl. die Beiträge in Hirsch und Voigt (2009) und Agamben et al. (2012).

7.4 Der Ertrag der normativen Demokratietheorie

In der Politikwissenschaft ist das Verhältnis zwischen formalen, empirischen, historischen und normativen Ansätzen gegenwärtig als spannungsreich zu charakterisieren. Nicht wenige Vertreter empirischer und formaler Ansätze legen demonstrativen Wert auf die ‚Wertfreiheit' ihrer Forschungen und Theorien und nicht wenige Forscher aus dem Bereich der Ideengeschichte verweisen auf die historische Relativität von normativen Demokratiekonzeptionen. Derartige Versuche, sich geradezu demonstrativ von der normativen Theorie abzusetzen, sind selbstwidersprüchlich und gegenüber den eigenen Forschungen unangemessen.

Selbstwidersprüchlich sind sie, weil die Forderung nach normativer Abstinenz ihrerseits eine Sollensaussage ist und sich damit selbst im Bereich der normativen Theoriebildung bewegt. Der eigenen Forschungspraxis gegenüber sind sie unangemessen, weil sowohl empirische und historische wie auch formale Demokratietheorien immer gewisse Bezüge zur normativen Theorie herstellen müssen. Denn ohne normative Rückversicherung vermögen empirische, historische und formale Demokratietheorien noch nicht einmal ihre Forschungsfelder zu umreißen: Nur auf dem Boden der normativen Theorie können die Definitionsmerkmale und damit die Kriterien festgelegt werden, die für die empirische Demokratietheorie darüber entscheiden, ob die von ihren Regierenden reklamierte ‚Volksdemokratie' in China, ‚islamische Demokratie' im Iran oder ‚gelenkte Demokratie' in Russland zur Gruppe der modernen Demokratie gerechnet werden sollen oder nicht. Und nur vor dem Hintergrund der normativen Demokratietheorie kann entschieden werden, ob die Autoren der *Federalist Papers*, die sich explizit gegen den Begriff Demokratie verwehren und stattdessen den Terminus Republik bevorzugen, dennoch in die Ahnengalerie der modernen Demokratietheorie aufgenommen werden sollen.

Ein ähnliches Abhängigkeitsverhältnis lässt sich auch bei der Demokratiemessung beobachten. Wenn es darum geht, die demokratische Qualität von Demokratien zu vergleichen, bedarf es für die Auswahl der Messkriterien des Rückgriffs auf die normative Demokratietheorie. Die voneinander abweichenden Positionen einzelner Länder in den ermittelten Rankings der verschiedenen Demokratiemessungsindizes sind zu einem nicht unwesentlichen Teil das Resultat von unterschiedlichen normativen Akzentuierungen im Demokratieverständnis. Eine Demokratietheorie, die sich demgegenüber im Namen eines dezidierten „normativen Realismus" (Neyer 2013, S. 46) der Aufgabe verschreibt, den Begriff der Demokratie bedingungslos auf die empirischen Bedingungen des 21. Jahrhunderts einzustellen, betreibt Augenwischerei, denn sie verschiebt das genannte Problem lediglich um eine Ebene. Denn auch sie kann die Fragen nach der Zeitgemäßheit bzw. Angemessenheit zuletzt nicht ohne Bezugnahme auf normativ ausgewiesene Kriterien beantworten.

Aus diesen Überlegungen leitet sich freilich keine Führungsrolle der normativen Demokratietheorie über die anderen drei Typen moderner Demokratietheorie ab. Denn erst wenn sie sich ihrerseits nicht in begrifflichen und metatheoretischen Vorüberlegungen verliert, sondern empirische, historische und formale Theorien produktiv rezipiert, kann die normative Demokratietheorie ihr Potential voll zur Geltung bringen. Normative Demokratietheorien, die beanspruchen wollen, überzeugende Begründungen für demokratische Herrschaftssysteme zu geben, müssen sich ideengeschichtlich positionieren können, dürfen nicht gegen die logischen Ansprüche der formalen Theoriekonstruktion verstoßen und dürfen sich in ihren Begründungszusammenhängen nicht in einen empirisch luftleeren Raum flüchten. Ein gelungenes Beispiel für eine solche Theorienkooperation bietet das Buch ‚*Faktizität und Geltung*' von Jürgen Habermas (vgl. Habermas 1992).

Aktuelle Themen der Demokratietheorie

8

Die großen Themen der modernen Demokratietheorie schälen sich immer wieder neu im Zusammenhang konkreter politischer Ereignisse und den sich daraus ergebenden besonderen Herausforderungen heraus. Zu solchen großen Themen gehören zu Beginn des 21. Jahrhunderts die Fragen nach den kulturellen Bedingungen von Demokratie und deren Übertragbarkeit auf bislang nicht-demokratische Länder, ihren Leistungen und Leistungsgrenzen, der Reformfähigkeit von Demokratien, ihrer Friedfertigkeit sowie nach den internen und externen Gefährdungen und Bedrohungen der Demokratie. Zur Beantwortung dieser Fragen sind die historische, empirische, formale und normative Demokratietheorie gleichermaßen gefordert.

Ganz oben auf der thematischen Agenda der modernen Demokratietheorie stehen aktuell die Frage nach der territorialen Ausweitung der Demokratie und das Verhältnis von Kapitalismus und Demokratie. Beide Debatten prägen auch die Diskussion über Reformen der Demokratie.

8.1 Die räumlichen Transformationen der Demokratie

Aus der historischen Demokratietheorie lässt sich lernen, dass die Verfechter der sich seit dem letzten Drittel des 18. Jahrhunderts schrittweise etablierenden neuen politischen Ordnungen in Westeuropa und Nordamerika den von antiken Stadtstaaten stammenden Namen ‚Demokratie' deshalb so erfolgreich reklamieren konnten, weil es ihnen gelungen war, die politischen Institutionensysteme an die veränderten räumlichen Bedingungen von großen Flächenstaaten anzupassen. Diese Demokratien der zweiten Generation waren nationalstaatliche Massendemokratien. Sie nahmen unter anderem gewählte Parlamente, den Ausbau der Gewaltenteilung sowie Massenmedien, Parteien und Verbände in ihr modernes Demokratieverständnis auf. Die mit dem Wandel zum nationalen Flächenstaat einhergehenden

© Springer Fachmedien Wiesbaden 2016
H. Buchstein, *Typen moderner Demokratietheorien*, essentials,
DOI 10.1007/978-3-658-13331-3_8

institutionellen und prozeduralen Muster prägen unsere Demokratievorstellungen bis heute, auch wenn die gesellschaftspolitische Realität in vielen Politikfeldern diese territorialen Grenzen mittlerweile schon wieder überschritten hat.

Der sich in den letzten Jahrzehnten in Etappen vollziehende Auf- und Weiterbau der Europäischen Union (EU) ist nur ein, wenn auch ein besonders markantes Beispiel für den Tatbestand, dass die Ära exklusiv nationalstaatlich organisierter Demokratien an ihr Ende gekommen ist. Die Entstehung solcher supranationaler Regime setzt – und zwar unabhängig von den kurzfristigen Folgen der Krise des Finanzkapitalismus für die Eurozone und die EU – die ebenso schlichte wie grundlegende Frage auf die Tagesordnung, ob und wie eine *zweite räumliche Transformation der Demokratie* in der postnationalen Konstellation gelingen kann. In der modernen Demokratietheorie werden die aktuellen Debatten über diese Frage unter dem Stichwort Kosmopolitane Demokratie verhandelt und es besteht weder Einigkeit darüber, ob eine derartige Ausweitung der Demokratie wünschenswert ist noch darüber, wie realistisch ein solches Projekt ist (vgl. Lutz-Bachmann et al. 2010). Die Debatte über die institutionellen Konfigurationen transnationaler Demokratien steckt immer noch in den Kinderschuhen. Einige Autoren wie Jürgen Habermas plädieren in diesem Zusammenhang für eine umfassende Reform der UN, schlagen ein Weltparlament vor oder setzen auf den Einfluss der internationalen öffentlichen Meinung (vgl. Habermas 2011). Thomas Nagel und daran anschließend Rainer Schmalz-Bruns haben in diesem Zusammenhang darauf aufmerksam gemacht, dass eine wie auch immer geartete kosmopolitische Demokratie einer Minimalstaatlichkeit auf Weltebene bedarf – was deren Erfolgschancen nicht unbedingt erhöht (vgl. Schmalz-Bruns 2007).

8.2   Kapitalismus und Demokratie

Nach dem Zusammenbruch der politischen Systeme im realsozialistischen Lager galt es unter tagespolitischen Kommentatoren wie auch unter vielen Politikwissenschaftlern als ausgemacht, dass positive Synergieeffekte zwischen dem ökonomischen System einer kapitalistischen Markwirtschaft und dem politischen System einer liberalen Demokratie bestehen. Damit schien die zuvor mehrere Jahrzehnte andauernde Debatte über das spannungsreiche Verhältnis von Demokratie und Kapitalismus einen harmonischen Abschluss gefunden zu haben. Diese Zuversicht ist mittlerweile skeptischeren Diagnosen gewichen. Die Skepsis entzündet sich an drei Beobachtungen.

Zum wird sie durch die Beobachtung motiviert, dass der politische Entscheidungsspielraum in fast allen etablierten Demokratien im Zuge der sich seit 2008 verstärkenden Krise des Finanzkapitalismus massiv eingeengt ist. Die Politik unterliegt einer „Austerität als fiskalpolitische(m) Regime" (vgl. Schäfer und Streeck 2013), womit gemeint ist, dass der politisch verfügbare Anteil von Staatsausgaben kleiner wird und sich der finanzpolitische Handlungsspielraum von gewählten Regierungen verringert.

Zweitens lässt sich ein Verlust an politischer Gleichheit im Zuge des Auseinandergehens der sozialen Schere zwischen Reichen und Armen in nahezu ausnahmslos allen kapitalistischen Demokratien konstatieren. Die wachsende soziale Ungleichheit führt zu einer Verringerung der Wahlbeteiligung. Vor allem sozial benachteiligte Gruppen bleiben den Wahlurnen fern (vgl. Schäfer 2015, S. 91–164).

Einer dritten Beobachtung zufolge hat sich spätestens mit der Finanzkrise in den USA und Europa neben den liberalen Demokratien des Westens mit China ein veritabler ordnungspolitischer Konkurrent etabliert. Im Unterschied zu den realsozialistischen Ländern des damaligen Ostblocks ist China heute beides, „anders *und* erfolgreich" (Zürn 2011, S. 616). Michael Zürn hat in diesem Zusammenhang unlängst darauf aufmerksam gemacht, dass China in einigen internationalen Debatten bereits als ein Modell dafür gehandelt wird, wie längerfristig ein kapitalistischer Entwicklungspfad ohne Demokratie und Freiheitsrechte nach westlichem Muster aussehen könnte, der zugleich in der Lage ist, auf drängende Probleme wie das der Armutsbekämpfung gemeinwohlorientierte Antworten zu geben.

Solche Beobachtungen zwingen dazu, ein allzu harmonisches Bild des Verhältnisses zwischen Kapitalismus und Demokratie zu revidieren und nüchtern nach den möglichen Grenzen ihrer Vereinbarkeit zu fragen. Derartige Revisionen werden teilweise an die Diskussion über Legitimationsprobleme im Spätkapitalismus aus den 1970er Jahren anschließen können, sie werden aufgrund der seitdem forcierten Entwicklung zum globalen Finanzkapitalismus aber stärker nach konkurrierenden Handlungslogiken in den Bereichen Ökonomie und Politik fragen müssen. Beiträge zu dieser Debatte finden sich in Analysen der Schwierigkeiten von politisch gewollten Regulierungen von Finanzmärkten oder in Überlegungen zu den mittelfristigen Folgen der eingeengten politischen Handlungsspielräume für die Qualität von Demokratien (vgl. Schäfer und Streeck 2013; Streeck 2015).

8.3 Reformen der Demokratie

Das Thema Innovationen und zukünftige Reformen bei der institutionellen Ausgestaltung moderner Demokratien ist mittlerweile zu einem eigenständigen Teilgebiet der modernen Demokratietheorie geworden (vgl. Goodin 2009; Smith 2009). In Anschluss an Claus Offe lassen sich drei grundlegende Richtungspfeile solcher

Vorschläge identifizieren (vgl. Offe 2003a, S. 18 ff.): Zum einen gleichsam ‚von unten' ansetzende Vorschläge, in denen die Einflussmöglichkeiten der Bürger gestärkt werden, etwa durch die Etablierung der direkten Demokratie, durch neue Verfahren der Bürgerbeteiligung und Kampagnen für politisch motivierte Konsumentenentscheidungen oder mit Hilfe des Internets. Ein zweiter reformpolitischer Richtungspfeil setzt ‚von oben' an und zielt darauf ab, verantwortliche Gremien zu stärken, die aus dem politischen Dauerkonflikt herausgehalten werden. Zu dieser Strategie gehört beispielsweise die Einrichtung oder Stärkung von Verfassungsgerichten, Zentralbanken, Bewertungsagenturen, ausgelagerten Kommissionen mit weitreichender Entscheidungskompetenz oder eines Ökologischen Rates, der die Rechte zukünftiger Generationen und der Natur sichern helfen soll. Drittens lassen sich schließlich Reformvorschläge ausmachen, die gleichsam ‚seitwärts', das heißt am Verhältnis zwischen bestehenden politischen Institutionen ansetzen; dazu lassen sich Überlegungen zur besseren Beteiligung von Verbänden und Kirchen, zu Änderungen im Parteiwesen oder das große Dauerthema der bundesdeutschen Politik, eine (erneute) Föderalismusreform, rechnen.

Aus der Reihe der ‚von unten' ansetzenden Vorschläge ist in der Politikwissenschaft zuletzt die Forderung nach mehr direkter Demokratie in Form von Referenden und Volksabstimmungen neu diskutiert worden. Dabei hat sich ein Aspekt in den Vordergrund der politikwissenschaftlichen Kritik geschoben, der erst im Zuge der zunehmenden sozialen Spaltungen in den meisten modernen Demokratien an Brisanz gewonnen hat. Folgt man Armin Schäfer in der Bewertung der empirischen Befunde zur direkten Demokratie (vgl. Schäfer 2015, S. 167–206), dann sind vor allem zwei Beobachtungen in normativer Hinsicht brisant. Brisant ist – erstens – die soziale Trennung bei der politischen Partizipation. Die Beteiligung der Bürger an Referenden ist nicht nur deutlich geringer als die Beteiligung an allgemeinen Wahlen, sondern bei den empirischen Befunden sticht noch etwas anderes ins Auge: Die Angehörigen der unteren sozialen Schichten der Gesellschaft bleiben solchen Abstimmungen deutlich überproportional fern. Zweitens sind die Unterschiede in der Thematisierungsfähigkeit zu bedenken. Um Referenden durchzuführen, bedarf es aktiver Menschen, die eine solche Volksabstimmung in Gang setzen. Dies sind vor allem ressourcenstarke Akteure, die zur Mittelschicht oder zu noch besser gestellten sozialen Schichten gehören und über ein gehobenes Maß an Organisations- und Kampagnenfähigkeit verfügen.

Angesichts dieser beiden Faktoren kann es nicht überraschen, wenn man erfährt, dass Referendumsentscheidungen zu finanz- und sozialpolitischen Fragen – besonders gut belegt für die USA und die Schweiz – vor allem den Interessen der sozial besser gestellten Hälfte der Gesellschaft zugutegekommen sind. Diejenigen Bevölkerungskreise hingegen, die auf staatlich finanzierte Transferleistungen stärker angewiesen sind – sei es in den Bereichen von Bildung, Gesundheit oder Arbeitsmarktpolitik –, haben bei Referenden das Nachsehen. Im Ergebnis setzen solche Effekte eine politische Exklusions-Spirale in Gang.

Schluss: Demokratietheorie und Demokratiepolitik 9

Michael Th. Greven hat in einem seiner engagierten Diskussionsbeiträge zur Demokratietheorie an ein Zitat von Giovanni Sartori erinnert: „Die Demokratie ist zwar komplizierter als jede andere politische Form, doch paradoxerweise kann sie nicht fortbestehen, wenn ihre Grundsätze und Mechanismen den geistigen Horizont des Durchschnittsbürgers übersteigen" (vgl. Greven 2003, S. 78 ff.; das Zitat findet sich in Sartori 1992, S. 23). Der Stand und die Entwicklung der politikwissenschaftlichen Beschäftigung mit der Demokratie sind nicht die entscheidenden Momente für die Zukunft von Demokratien. Von weitaus größerer Bedeutung ist die Verbreitung demokratischer Überzeugungen und des Wissens über die Demokratie unter den Bürgern. Mit Sartoris Formel ist nicht gemeint, dass sich alle Bürger mit sämtlichen Details des politischen Betriebes vertraut machen müssten, und mit ihr ist erst recht nicht gemeint, dass alle Bürger ein identisches Demokratieideal, nach dem sie Vorgänge in der politischen Realität beurteilen, teilen müssen. Mit ihr ist aber gemeint, dass ohne ein Mindestmaß an politischen Kenntnissen und an demokratischen Überzeugungen der Bürgerinnen und Bürger – auch wenn der Grenzwert nach unten schwer zu bestimmen ist – keine Demokratie lange überleben kann.

An die Adresse der politikwissenschaftlichen Beschäftigung mit der Demokratie gerichtet folgt daraus ein professionspolitischer Imperativ: Die komplexen akademischen Demokratietheorien und die Vorschläge zur Demokratiereform müssen in die politische Alltagssprache übersetzbar bleiben, wenn sie mehr sein wollen, als im Gewand von Grundlagenforschung getarnte akademische Selbstbespiegelung.

An diesem Punkt wird die Demokratie somit selbstbezüglich und verlässt die moderne Demokratietheorie ihren exklusiven akademischen Reflexionsraum. Die immer wieder neu aufflammenden Debatten in einer Gesellschaft darüber, worin das Ideal der Demokratie bestehe und wie es am besten umzusetzen sei, gehören zu den Themen, die in einer Demokratie demokratisch beantwortet werden sollten.

© Springer Fachmedien Wiesbaden 2016   43
II. Buchstein, *Typen moderner Demokratietheorien*, essentials,
DOI 10.1007/978-3-658-13331-3_9

Solche demokratiepolitischen Debatten lassen sich vielfach beobachten: An den politischen Auseinandersetzungen über die Finanz- und Energiepolitik, über die Regulation im Internet oder über die Integration von Flüchtlingen entzünden sich immer wieder neu Kontroversen darüber, was unter einem fairen demokratischen Entscheidungsverfahren zu verstehen ist. In solchen Situationen brechen die ansonsten zumeist nur latent bestehenden Differenzen zwischen den konkurrierenden Demokratieverständnissen auf und sind dann nicht mehr ausschließlich das Thema einer auf akademische Spezialisierung programmierten Politikwissenschaft.

Der wünschenswerte Beitrag der modernen Demokratietheorie zu solchen Debatten ist vergleichsweise einfach zu benennen: Er besteht darin, die politisch interessierten Akteure in möglichst verständlicher Weise an dem reichhaltigen Pool an historischen, empirischen, formalen und normativen Einsichten und Theorieangeboten der politikwissenschaftlichen Demokratietheorie teilhaben zu lassen.

Was Sie aus diesem *essential* mitnehmen können

- Die Bedeutung von Demokratie ist nicht nur in der politischen Öffentlichkeit, sondern auch in der Politikwissenschaft umstritten.
- Heute lassen sich vier grundlegende Typen moderner Demokratietheorie unterscheiden: historische, empirische, formale und normative Demokratietheorien.
- Die *historischen* Demokratietheorien suchen im Fundus der politischen Ideengeschichte nach Traditionslinien und Anknüpfungspunkten sowie nach verschütteten Einsichten für aktuelle Debatten und Kontroversen zum Thema Demokratie.
- Die *empirischen* Demokratietheorien ermitteln, inwieweit sich empirische Befunde aus der Politik zu verallgemeinerbaren theoretischen Aussagen verdichten lassen.
- Die *formalen* Demokratietheorien arbeiten mit theoretischen Modellen und leiten ihre modelltheoretischen Axiome aus bestimmten Grundannahmen über das Verhalten von Akteuren oder über Systemzusammenhänge ab.
- Die *normativen* Demokratietheorien beschäftigen sich mit der Konstruktion, Begründung und kritischen Analyse von Sollensaussagen über die grundlegenden Normen und institutionellen Konfigurationen demokratischer Systeme.
- Viele Debatten in der Öffentlichkeit, der Politischen Bildung und der Politikwissenschaft über die Demokratie lassen sich mit mehr Gewinn für die daran Beteiligten führen, wenn man die unterschiedlichen Blickwinkel der vier Typen beachtet.

© Springer Fachmedien Wiesbaden 2016
H. Buchstein, *Typen moderner Demokratietheorien*, essentials,
DOI 10.1007/978-3-658-13331-3

Literaturverzeichnis

Acemoglu, D., & Robinson, J. A. (2012). *Why nations fail: The origins of power, prosperity, and poverty.* New York: Crown Business.

Agamben, G., et al. (2012). *Demokratie? Eine Debatte.* Frankfurt a. M.: Suhrkamp.

Blühdorn, I. (2013). *Simulative Demokratie.* Frankfurt a. M.: Suhrkamp.

Buchstein, H. (2009). *Demokratietheorie in der Kontroverse.* Baden-Baden: Nomos.

Buchstein, H. (2011). Demokratie. In G. Göhler, M. Iser, & I. Kerner (Hrsg.), *Politische Theorie. 25 umkämpfte Begriffe zur Einführung* (S. 46–62). Wiesbaden: VS Verlag für Sozialwissenschaften.

Buchstein, H. (2013). Moderne Demokratietheorien. In M. G. Schmidt, et al. (Hrsg.), *Studienbuch Politikwissenschaft* (S. 103–130). Wiesbaden: VS Verlag für Sozialwissenschaften.

Buchstein, H. (2015). Politische Theorie – Ausdifferenzierung eines politikwissenschaftlichen Teilgebietes. In H.-J. Bieling, et al. (Hrsg.), *Kursbuch Politikwissenschaft* (S. 27–45). Bad Schwalbach: Wochenschau.

Cheneval, F. (2015). *Demokratietheorien.* Hamburg: Junius.

Christiano, T. (2008). *The constitution of equality.* Oxford: Oxford University Press.

Collier, D., & Levitsky, S. (1997). Democracy with adjectives. Conceptual innovation in comparative research. *World Politics, 49,* 430–451.

Crouch, C. (2008). *Postdemokratie.* Frankfurt a. M.: Suhrkamp.

Czerwick, E. (2008). *Systemtheorie der Demokratie. Begriffe und Strukturen im Werk Luhmanns.* Wiesbaden: VS Verlag für Sozialwissenschaften.

Dahl, R. (1971). *Polyarchy.* New Haven: Yale University Press.

Dahme, H.-J., & Wolfahrt, N. (2010). *Systemtheorie als politische Reformstrategie. Festschrift für Dieter Grunow.* Wiesbaden: VS Verlag für Sozialwissenschaften.

Demirovic, A. (2011). Wirtschaftsdemokratie nach ihrem Scheitern. In U. Birsl & C. Schley (Hrsg.), *Zukunft der Demokratie – Demokratie der Zukunft* (S. 46–65). Hannover: Friedrich-Ebert-Stiftung.

Dunn, J. (2005). *Setting the people free. The story of democracy.* London: Atlantic Books.

Finley, M. I. (1980). *Antike und moderne Demokratie.* (hg. v. Edgar Pack). Stuttgart: Reclam.

Fraenkel, E. (1960). *Deutschland und die westlichen Demokratien.* (hg. und eingel. von Alexander von Brünneck). Baden-Baden: Nomos (2011).

© Springer Fachmedien Wiesbaden 2016

H. Buchstein, *Typen moderner Demokratietheorien,* essentials,

DOI 10.1007/978-3-658-13331-3

Geißel, B. (2011). *Kritische Bürger. Gefahr oder Ressource der Demokratie?* Frankfurt a. M.: Campus.

Göhler, G., Iser, M., & Kerner, I. (2011). Einführung. In G. Göhler, M. Iser, & I. Kerner (Hrsg.), *Politische Theorie. 25 umkämpfte Begriffe zur Einführung* (S. 7–11). Wiesbaden: VS Verlag für Sozialwissenschaften.

Goodin, R. E. (2009). *Innovating democracy. Democratic theory and practice after the deliberative turn.* Oxford: Oxford University Press.

Green, D. P., & Shapiro, I. (1999). *Rational Choice. Eine Kritik am Beispiel von Anwendungen in der Politischen Wissenschaft.* München: Oldenbourg.

Greven, M. T. (2003). Sind Demokratien reformierbar? Bedarf, Bedingungen und normative Orientierungen für eine Demokratiereform. In C. Offe (Hrsg.), *Demokratisierung der Demokratie: Diagnosen und Reformvorschläge* (S. 72–91). Frankfurt a. M.: Campus.

Habermas, J. (1992). *Faktizität und Geltung. Beiträge zur Diskurstheorie des Rechts und des demokratischen Rechtsstaats.* Frankfurt a. M.: Suhrkamp.

Habermas, J. (2006). Hat die Demokratie noch eine epistemische Dimension? In J. Habermas (Hrsg.), *Politische Theorie. Philosophische Texte* (Bd. 4, S. 87–139). Frankfurt a. M.: Suhrkamp.

Habermas, J. (2009). Einleitung. In J. Habermas (Hrsg.), *Philosophische Texte. Band 4, Politische Theorie.* Frankfurt a. M.

Habermas, J. (2011). *Zur Verfassung Europas. Ein Essay.* Berlin: Suhrkamp.

Hein, M. (2011). Systemtheorie und Politik(wissenschaft). In C. Gansel (Hrsg.), *Systemtheorie in den Fachwissenschaften. Zugänge, Methoden, Probleme* (S. 53–77). Göttingen: Vandenhoeck & Ruprecht.

Held, D. (2006). *Models of democracy.* Cambridge: Polity Press.

Hirsch, M., & Voigt, R. (Hrsg.). (2009). *Der Staat in der Postdemokratie. Staat, Politik, Demokratie und Recht im neueren französischen Denken.* Stuttgart: Steiner.

Holland-Cunz, B. (1998). *Feministische Demokratietheorie. Thesen zu einem Projekt.* Opladen: Leske + Budrich.

Hurrelmann, K., & Schulz, T. (Hrsg.). (2015). *Wahlrecht für Kinder?* Weinheim: Beltz.

Jörke, D., & Buchstein, H. (2009). Deliberative Demokratie. In D. Fuchs & E. Roller (Hrsg.), *Lexikon Politik. 100 Grundbegriffe* (S. 35–38). Stuttgart: Reclam.

Jörke, D., & Nullmeier, F. (2012). Realismusstreit und Methodendiskussion. Zur aktuellen Lage der Politischen Theorie. *Zeitschrift für Politische Theorie, 3,* 3–7.

Keane, J. (2009). *The life and death of democracy.* New York: Norton.

Lembcke, O. W., Ritzi, C., & Schaal, G. S. (Hrsg.). (2012). *Zeitgenössische Demokratietheorie. Band 1: Normative Demokratietheorien.* Wiesbaden: Springer VS.

Lembcke, O. W., Ritzi, C., & Schaal, G. S. (Hrsg.). (2016). *Zeitgenössische Demokratietheorie. Band 2: Empirische Demokratietheorien.* Wiesbaden: Springer VS.

Lijphart, A. (2012). *Patterns of democracy. Government forms and performance in thirty-six countries.* New Haven: Yale University Press.

Llanque, M. (2008). *Politische Ideengeschichte. Ein Gewebe politischer Diskurse.* München.

Lord, C. (2004). *A democratic audit of the European Union.* Basingstoke: Palgrave Macmillan.

Luhmann, N. (1986). Die Zukunft der Demokratie. In Berliner Akademie der Künste (Hrsg.), *Der Traum der Vernunft. Vom Elend der Aufklärung.* (Bd. 2, S. 207–217). Darmstadt: Luchterhand.

Lutz-Bachmann, M., Niederberger, A., & Schink, P. (2010). *Kosmopolitanismus. Zur Geschichte und Zukunft eines umstrittenem Ideals*. Weilerswist: Velbrück.

Möllers, C. (2015). *Die Möglichkeit der Normen*. Frankfurt a. M.: Suhrkamp.

Neyer, J. (2013). *Globale Demokratie*. Baden-Baden: Nomos.

Norris, P. (2011). *Democratic deficit. Critical citizens revisited*. Cambridge: Cambridge University Press.

Offe, C. (2003a). Reformbedarf und Reformoptionen der Demokratie. In C. Offe (Hrsg.), *Demokratisierung der Demokratie: Diagnosen und Reformvorschläge* (S. 9–23). Frankfurt a. M.: Campus.

Offe, C. (2003b). *Herausforderungen der Demokratie. Zur Integrations- und Leistungsfähigkeit politischer Institutionen*. Frankfurt a. M.: Campus.

Offe, C., & Schmitter, P. C. (1995). Future of democracy. In S. M. Lipset (Hrsg.), *The encyclopedia of democracy. Volume II* (S. 511–517). London: Routledge.

Olson, M. (1965). *The logic of collective action*. Cambridge: Harvard University Press.

Oppenheimer, D., & Edwards, M. (2012). *Democracy despite itself. Why a system that shouldn't work at all works so well*. Cambridge: MIT Press.

Przeworski, A. (2006). Self-enforcing democracy. In B. R. Weingast & D. A. Wittman (Hrsg.), *The Oxford Handbook of Political Economy*. Oxford: Oxford University Press, 312–328.

Saage, R. (2005). *Demokratietheorien. Historischer Prozess – theoretische Entwicklung – soziotechnische Bedingungen. Eine Einführung*. Wiesbaden: VS Verlag für Sozialwissenschaften.

Sartori, G. (1992). *Demokratietheorie*. Darmstadt: Wissenschaftliche Buchgesellschaft.

Sauer, B. (2001). *Die Asche des Souveräns. Staat und Demokratie in der Geschlechterdebatte*. Frankfurt a. M.: Campus.

Schaal, G., & Kaufmann, V. (2016). Theorien rationaler Demokratie. In O. W. Lembcke, C. Ritzi, & G. S. Schaal (Hrsg.), *Zeitgenössische Demokratietheorie. Band 2: Empirische Demokratietheorien* (S. 227–250). Wiesbaden: Springer VS.

Schäfer, A. (2015). *Der Verlust politischer Gleichheit. Warum die sinkende Wahlbeteiligung der Demokratie schadet*. Frankfurt a. M.: Campus.

Schäfer, A., & Streeck, W. (Hrsg.). (2013). *Politics in the age of austerity*. Cambridge: Polity Press.

Scheller, H. (2012). Fiscal Governance und Demokratie in Krisenzeiten. *Aus Politik und Zeitgeschichte, 62*(13), 9–16.

Schmalz-Bruns, R. (2007). An den Grenzen der Entstaatlichung. In P. Niesen & B. Herborth (Hrsg.), *Anarchie der kommunikativen Freiheit. Jürgen Habermas und die Theorie der internationalen Politik* (S. 269–292). Frankfurt a. M.: Suhrkamp.

Schmalz-Bruns, R., & Hitzel-Cassanges, T. (2003). Normative/ökonomische politische Theorie. In H. Münkler (Hrsg.), *Politikwissenschaft. Ein Grundkurs* (S. 132–171). Reinbek: Rowohlt.

Schmidt, M. G. (2008). Zur Leistungsfähigkeit von Demokratien – Befunde neuerer vergleichender Analysen. In A. Brodocz, M. Llanque, & G. Schaal (Hrsg.), *Bedrohungen der Demokratie* (S. 29–41). Wiesbaden: VS Verlag für Sozialwissenschaften.

Schmidt, M. G. (2010). *Demokratietheorien. Eine Einführung*. Wiesbaden: VS Verlag für Sozialwissenschaften.

Smith, G. (2009). *Democratic innovations. Designing institutions for citizen participation*. Cambridge: Cambridge University Press.

Sternberger, D. (1985). Die neue Politie. In D. Sternberger (Hrsg.), *Verfassungspatriotismus* (S. 156–230). Frankfurt a. M.: Suhrkamp. 1990.

Strecker, D. (2011). Multikulturalismus. In G. Göhler, M. Iser, & I. Kerner (Hrsg.), *Politische Theorie. 25 umkämpfte Begriffe zur Einführung* (S. 257–272). Wiesbaden: VS Verlag für Sozialwissenschaften.

Streeck, W. (2015). *Gekaufte Zeit. Die vertagte Krise des demokratischen Kapitalismus* (2. Aufl.). Berlin: Suhrkamp.

Streeck, W., & Mertens, D. (2010). Politik im Defizit: Austerität als fiskalpolitisches Regime. *Der moderne Staat, 3*(1), 7–29.

Teorell, J. (2010). *Determinants of democratization: Explaining regime change in the world, 1972–2006.* Cambridge: Cambridge University Press.

Tsebelis, G. (2002). *Veto players. How political institutions work.* New York: Russell Sage Foundation.

Vanhanen, T. (2003). *Democratization. A comparative analysis of 170 countries.* London: Routledge.

Weber, R., & Beckstein, M. (2014). *Politische Ideengeschichte. Interpretationsansätze in der Praxis.* Göttingen.

Wilke, H. (2014). *Demokratie in Zeiten der Konfusion.* Frankfurt a. M.

Zürn, M. (2011). Perspektiven des demokratischen Regierens und die Rolle der Politikwissenschaft im 21. Jahrhundert. *Politische Vierteljahresschrift, 52*(4), 603–635.